삶이 있는 신앙 시리즈

주일학교 공과 교재 **중등부용**

THE BIG CHOICE

개발위원장/**이문희**
기획 및 집필 총괄/이재섭
집필/이재섭, 박종현

추천사 1

본 교재는 한국교회 주일학교 교육에 대한 문제의식과 안타까움에 대한 작은 결과물로서
"성경적인 세계관의 틀과 문화를 도구로 다음 세대를 세우는 스토리가 있는
토론식 주일학교 공과 교재"라는 문구가 이 교재의 특징을 잘 보여줍니다.

우리는 옳고 그름에 대한 구분을 무의미하게 여기는 시대를 살아가고 있습니다. 진리는 다원주의와 상대주의라는 이름으로 파편화되었습니다. 이런 시대정신 위에 형성된 문화는 욕망의 전시장을 방불케 합니다. 이것이 우리 시대의 문화인데, 자라 나는 다음 세대는 이 문화의 문제를 잘 모릅니다. 적당한 온도의 물에 있는 개구리에 게 점점 열을 가하면 자신이 데워지고 있는 줄도 모르는 것처럼, 태어날 때부터 이런 문화에 젖어왔기 때문입니다. 우리는 개구리의 결과를 잘 알고 있습니다. 서서히 죽어갑니다. 그런데 정작 본인은 죽어가고 있다는 사실을 모릅니다. 옆에서 동료 개구 리가 사실을 가르쳐 주면 자신을 시샘하는 것이라고 여길지도 모릅니다. 정말 안타 까운 모습입니다.

그런데 그보다 더 안타까운 모습이 지금 한국교회 주일학교 공과 공부 시간에 일어나고 있습니다. 학생들은 공과 공부를 지루하고 힘들어 합니다. 학생들이 지루 함을 느끼고 힘들어하는 이유는 자극적이고 자기중심적인 문화가 그들 삶의 한 부분 이기 때문입니다. 결국 문제는 지루함을 가지는 현실의 토대가 되는 시대정신입니 다. 정확한 병명을 알아야 올바른 대응책을 낼 수 있는 것처럼, 문제의 근원을 분명 히 알고 접근해야 우리의 자녀들을 시대에 순응하는 '다른 세대'가 아닌 하나님의 영 광을 바라보는 '다음 세대'로 세울 수 있습니다.

본 교재는 이런 한국교회 주일학교 교육에 대한 문제의식과 안타까움에 대한 작 은 결과물입니다. 다음 문구가 이 교재의 핵심을 압축적으로 잘 보여줍니다.

> "성경적 세계관의 틀과 문화를 도구로 다음 세대를 세우는
> 스토리가 있는 토론식 주일학교 공과 교재"

시대정신에 익숙한 다른 세대와 달리, 하나님의 영광을 위해 헌신할 다음 세대 는 절대 진리인 분명한 성경적 틀을 가져야 합니다. 이 분명한 기준으로 학생들의 놀 이터인 문화를 읽어야 합니다. 그리고 그 방식은 서로 토론하면서 함께 답을 찾아가 야 합니다. 이미 인터넷을 통해 쌍방향 소통에 익숙해졌기 때문입니다. 본 교재를 통 해 한국교회 주일학교 학생들이 건강한 다음 세대로 세워지기를 소망합니다.

맑은샘 광천교회 담임목사 **이 문 희**

본 교재는 한편으로는 형식적인 '신앙생활'을 하고, 다른 한편으로는 가치관의 혼란 속에서 방황하는 이 땅의 어린 영혼들에게서 모든 영적 탁류를 쓸어버리는 찬란한 물줄기, 영혼의 어두움을 물리치는 환한 빛줄기가 될 것이다.

교재 하나를 낸다는 것은 보통의 책 한권을 내는 것보다 열배나 어렵다. 그것도 성경교재나 교리교재 하나를 낸다는 것은 백배나 어렵다. 게다가 아동이나 청소년을 대상으로 한 교재는 가히 천배나 어렵다.

교재는 특성상 사상이나 논리만 체계적으로 서술해가도 되는 이론서들과 달리, 교육적 목적을 위한 특별 기획과 기술이 이뤄져야 하고, 또 성경교재나 교리교재는 일반교재처럼 필자의 주관을 자유롭게 개진하거나 가미할 수 있는 것과 달리, 성경 해석적으로나 신학적으로 정확해야 하며, 나아가 아동이나 청소년을 대상으로 한 교재의 경우 그들의 이해력과 눈높이에 철저히 맞춰야 하고 게다가 흥미도 있어야하기 때문이다.

이런 의미에서 주일학교 학생들을 위한 한편의 좋은 성경 및 교리교재를 쓴다는 것은 한권의 백과사전을 내는 것보다 만 배나 어렵다.

이렇게 어려운 교재를 나의 애제자 이재섭 목사를 위시한 맑은샘 광천교회의 훌륭한 필진들이 완성한 것을 볼 때, 축하에 앞서 경탄을 금할 길 없다. 교재의 표제만 보아도 감탄할 만했는데, 원고를 펼쳐보면서 더 놀라운 경탄으로 이어졌다.

첫째, 본 교재는 우리가 무엇을 믿고 있는지를 잘 담아내었다. 즉, 우리의 신앙과 생활의 유일한 원리인 성경말씀과 그것에 기초한 개혁주의 교리의 풍부한 내용이 담겨 있다. 이런 점에서 이 교재는 가장 성경적이고 교리적인 주일학교 교재이다.

둘째, 본 교재는 우리가 어떻게 살아야 하는지를 잘 제시하고 있다. 즉, 우리가 지녀야 할 신앙의 내용을 넘어 우리가 이 세상을 어떻게 바라보고 그 가운데서 어떻게 하나님의 거룩한 백성으로 살아가야 할지 성경적인 삶의 원리와 기독교세계관을 가르치고 있다. 이런 점에서 이 교재는 가장 대표적인 기독교세계관적 주일학교 교재이다.

셋째, 본 교재는 주일학교의 각 단계별 학생들의 눈높이에 맞춰져 있다. 즉, 내용적으로 다양한 예화와 그림들을 담고 있고, 문체상으로 터다지기, 씨앗심기, 물주기, 꽃피우기 등 서정성과 문학성이 풍부한 개념들이나 표현들을 사용하고 있으며, 학생들이 스스로 질문하고 답을 찾아야 하는 자기주도식의 공부를 하도록 유도하면서 자신의 행동과 삶을 주체적으로 반성해보게 한다. 이런 점에서 이 교재는 가장 교육적인 주일학교 교재이다.

이러한 특성으로 인해 본 교재는 구원의 원리와 삶의 길을 제대로 깨닫지 못하고 한편으로는 형식적 신앙생활을 하고, 다른 한편으로는 가치관의 혼란 속에서 방황하는 이 땅의 어린 영혼들에게 맑은샘 광천교회라는 그 이름처럼 복음의 맑은 샘에서 흘러나와 모든 영적 탁류를 쓸어버리는 찬란한 물줄기, 그리고 영혼의 어두움을 물리치는 환한 빛줄기가 될 것이다.

고신대학교 총장 **전광식**

우리가 만든
주일학교 교재는
기독교 세계관의 틀과 문화를
도구로 합니다.

왜 '기독교 세계관의 틀'인가?

진리가 하나의 견해로 전락한 시대에, 진리의 관점에서 세상의 견해를 분별하기 위해서

● 기독교 세계관의 틀은 성경적 시각으로 우리의 삶을 보게 만드는 원리입니다.

하나님을 떠나 이 세상의 시각으로 우리 자신과 우리의 삶을 보는 것이 아니라, 하나님이 가르치신 원리로 우리 자신과 우리의 삶을 봐야 하나님의 사람들로 세울 수 있습니다.

● 이 교재는 기독교 세계관의 틀로 현상을 보는 시각을 길러줍니다.

철학자 니체로부터 시작된 신의 죽음(형이상학의 부정)은 사람들의 시선을 영원에서 우리가 사는 세상으로 고정시켰습니다. 이 사상은 21세기를 살아가는 우리 시대의 대부분의 사람들이 가지고 있습니다. 영원(하나님 나라)에 대한 가치를 인정하지 않기 시작하면서 삶도 의미를 상실했습니다. 그로 말미암아 사람들은 인간의 가치에 집중하기 시작했고, 급기야는 인간의 욕망이 가는 대로 사는 삶을 권장합니다. 우리가 사는 세상이고, 우리의 자녀들은 태어나면서부터 그런 문화 속을 살아가고 그 문화의 틀로 교회와 하나님을 봅니다. 어린이들과 청소년, 청년들이 교회를 떠나는 이유가 여기 있습니다. 보이는 것이 모든 것인 시대를 이기는 힘은 분명한 진리로 보이는 것의 한계를 보여주는 것입니다. 기독교 세계관 틀의 형성이 이것을 가능하게 합니다.

왜 '문화를 도구'로 하는가?

어린이, 청소년, 청년들의 삶에 가장 큰 영향을 끼치는 것이 문화이기 때문에

● **문화를 도구로 하는 이유는**

우리의 자녀들이 문화 현상 속에 젖어 살고, 그 문화의 기초가 되는 사상(이론)을 자신도 모르게 이미 받아들이고 있기 때문입니다.

● **공부하는 학생들의 삶의 현장으로 들어갑니다(이원론 극복).**

우리가 사는 사회를 포스트모던 사회라고 합니다. 포스트모던 사회의 핵심은 소비이고 미디어가 그것을 전파합니다. 쉽게 말하면 문화입니다. 신앙과 삶을 분리할 수 없는데, 우리의 자녀들은 문화의 시각으로 성경과 교회를 보면서 답답해 합니다. 위에서 본 것처럼, 이미 그들은 하나님의 나라에 대한 가치를 인정하지 않고, 거기에 헌신하며 사는 삶에 의미를 부여하지 않는 것을 자연스럽게 배웠기 때문입니다. 교회는 이들이 가진 문제점을 자각하게 해야 하는데, 그 출발점은 그들이 누리는 문화로 대화를 시작하면서 그것의 한계와 대안을 가르치는 것입니다. 이를 통해 신앙과 삶이 통합되며, 문화의 시각으로 신앙을 보고 판단하는 것이 아니라 성경의 시각으로 문화를 보고 판단해야 함을 분명히 합니다.

중등부 3분기 교재

구약개관: 선택의 관점으로

1과 족장 시대: 선택, 그 너머 이야기 / 15

2과 출애굽 시대: 선택은 구별입니다 / 20

3과 사사 시대: 다른 기준, 다른 선택, 다른 세대 / 25

4과 통일 왕국: 같은 상황 다른 선택 / 30

5과 분열 왕국: 왕의 한 수 Vs. 왕의 악수 / 35

6과 선지자1(포로전 시대): 1대100 / 40

7과 선지자2(포로기 시대): 나를 포기하는 선택 / 45

8과 선지자3(포로 귀환): 선택받은 백성의 삶 / 50

9과 새 언약: 언제나 동일한 선택 / 55

10과 시가서: 선택, 찬양의 노래 / 60

11과 특강: 구약의 이야기(선택) / 65

하나님의 말씀은 살아 있고 활력이 있어 좌우에 날선 어떤 검보다도 예리하여 혼과 영과 및 관절과 골수를 찔러 쪼개기까지 하며 또 마음의 생각과 뜻을 판단하나니(히브리서 4:12)

중등부 4분기 교재

신약개관: 선택의 관점으로

1과 공관복음: 선택 새로운 시작 / 72

2과 요한복음: 선택, 예수님 혜택 / 77

3과 사도행전: 선택, 복음의 길 / 82

4과 로마서 갈라디아서: 예수님이 주는 변화 / 87

5과 목회서신: 경건의 기준 / 92

6과 바울서신: 사랑 파워 / 97

7과 옥중서신: 성장 중 / 102

8과 일반서신1: 청결과 정결 / 107

9과 일반서신2: 두 개의 삶 / 112

10과 요한계시록: 선택의 마지막 결과 / 117

11과 특강: 신약 그리스도인의 정체성 / 122

공과의 구성과 학습 원리

1 목적 부지불식간(不知不識間)에 대중문화와 또래문화에 오염된 청소년들의 생각을 공과교육을 통해 성경적 세계관으로 전환시킨다. 이를 위해 현실 세계를 분명하게 직시함과 동시에 그 현실을 믿음(성경적 세계관)으로 바라보며, 말씀의 빛을 따라 살아가도록 지도한다(이원론 극복).

2 구성 **쉐 마** 분명한 성경적 원리 전달을 위하여 본문 주해를 비롯한 성경의 핵심 원리를 제공한다(Today's Focus, 성경 돋보기, Discernment).

문 화 지금까지 단순하게 성경적 지식 제공을 중심으로 한 주일학교 교육의 결과 중 하나가 신앙과 삶의 분리, 즉 주일의 삶과 월요일에서 토요일의 삶이 다른 이원론(二元論)이다. 우리 교재는 학생들의 삶 속에서 일어나는 문화를 토론의 주제로 삼아서 신앙과 삶의 하나 됨(일상성의 영성)을 적극적으로 시도한다(프리즘, 현미경, HOT 토론).

세계관 오늘날 자기중심적인 시대정신에 노출 된 학생들의 생각과 삶의 방식을 성경적 세계관을 토대로 바라보게 함으로써, 자신을 돌아보고 삶에 적용하는 것을 돕는다.

[프리즘]
주제에 대한 학생들의 다양한 생각 보기
빛이 프리즘을 통과하면 다양한 색으로 산란(散亂)하듯이, 하나의 주제와 사건이 각 개인의 관점에 따라 다양하게 평가된다는 것을 보여준다.

[성경 돋보기]
학생들의 다양한 생각을 성경적 관점으로 바꾸기
마치 성경을 돋보기로 살피듯이 본문 말씀을 집중적으로 공부하면서 성경이 주는 교훈을 학생들 스스로가 발견할 수 있도록 한다. 이 과정을 통해 학생들의 다양한 생각들은 점차 성경적 관점으로 전환된다. Today's Focus가 성경의 관점을 잘 보여준다.

[세상 현미경]
성경적 관점으로 삶의 문제 생각해보기
　　현미경이 어떤 물체의 조직을 세밀하게 보여주듯이, 성경의 관점으로 주어진 삶의 문제들을 다양하고 깊이 있게 살펴본다. 그 중심에 'HOT 토론'이 있다.

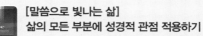
[말씀으로 빛나는 삶]
삶의 모든 부분에 성경적 관점 적용하기
　　스테인드글라스(stained glass)에 빛을 비추면 유리에 그려진 그림이 아름답게 빛나듯이, 성경적 세계관을 가진 청소년들은 그들의 신앙을 삶의 현장 속에서 빛나게 한다(삶이 있는 신앙). Discernment가 성경적 관점의 생활 원리를 잘 보여준다.

[삶을 위한 말씀의 창]
삶의 현실에서 성경적 원리 떠올리기
사람이 창문(window)을 통해 세상을 바라보고 소통하듯이, 주제와 관련된 핵심 구절을 암송함 으로써 구체적인 삶의 현실 속에서 말씀의 창으로 세상을 바라보게 한다. 말씀을 암송함으로써 학생들이 성경적 세계관의 터 위에 굳게 설 수 있도록 인도한다.

학생들이 공과의 내용을 잘 이해하고 공과 공부 시간을 풍성하게 인도하기 위해, 설교자는 매주 동일한 주제의 다른 본문으로 설교를 한 후에 공과를 진행한다.

The Big Choice 에필로그 Epilogue

3분기 교재의 구성

3분기에서는 구약 전체의 핵심 내용을 살펴본다. 3분기 전체를 관통하는 키워드는 유년부는 백성의 관점으로, 하나님의 백성 혹은 하나님의 사람이 어떤 정체성을 가져야 하는가에 집중한다. 초등부는 약속의 관점으로, 인간을 향한 하나님의 약속과 그것을 믿는 이들의 삶의 내용에 집중한다. 중등부는 선택의 관점으로, 하나님 말씀과 세상의 기준에 반응하는 우리의 선택과 삶에 집중한다. 고등부는 길의 관점으로, 크리스천이 걸어가야 할 길의 원리와 실제 걸어가야 할 내용에 집중한다.

각 과에서 다루는 구약 성경으로, 1과는 족장시대(창세기), 2과는 출애굽시대(출애굽기, 레위기, 민수기, 신명기), 3과는 사사시대(사사기), 4과는 통일왕국(사무엘상, 사무엘하, 열왕기상), 5과는 분열왕국(열왕기상, 열왕기하, 역대하), 6과는 포로이전(이사야, 예레미야, 호세아, 요엘, 아모스, 오바댜, 미가, 나훔, 하박국, 스바냐), 7과는 선지서2-포로기(예레미야, 에스겔, 다니엘), 8과는 선지서3-포로귀환(에스라, 느헤미야, 학개, 스가랴, 말라기), 9과는 새 언약(이사야, 예레미야, 에스겔), 10과는 시가서(욥기, 시편, 잠언, 전도서, 아가)이다.

주일학교 공과 교재 **3분기**

THE BIG CHOICE

구약 개관: 선택의 관점으로

1과. 족장 시대: 선택, 그 너머 이야기 / 15

2과. 출애굽 시대: 선택은 구별입니다 / 20

3과. 사사 시대: 다른 기준, 다른 선택, 다른 세대 / 25

4과. 통일 왕국: 같은 상황 다른 선택 / 30

5과. 분열 왕국: 왕의 한 수 Vs. 왕의 악수 / 35

6과. 선지자1(포로전 시대): 1대100 / 40

7과. 선지자2(포로기 시대): 나를 포기하는 선택 / 45

8과. 선지자3(포로 귀환): 선택받은 백성의 삶 / 50

9과. 새 언약: 언제나 동일한 선택 / 55

10과. 시가서: 선택, 찬양의 노래 / 60

11과. 특강: 구약의 이야기(선택) / 65

오이코스를 품는
VISION2020

제46 - 6호 2017. 2. 5.

나를 바꾸는 행복한 10분 묵상

하나님의 관심

미국이 남북전쟁을 하고 있었을때 노예해방을 위해 싸우던 북군이 대패한 적이 있습니다.

다음날 사령관이었던 링컨은 사기가 떨어진 병사들을 불러놓고 연설을 했습니다. 그런데 링컨이 말하는 첫 문장을 듣자마자 장병들의 눈에 생기가 보이기 시작했습니다.

" 저는 우리가 어제 경험한 실패에 대해서는 별로 관심이 없습니다. 그러나 오늘 다시 일어서는 일에 대해서는 아주 큰 관심이 있습니다."

링컨의 첫 마디를 들은 병사들은 어제의 결과가 끝이 아니며, 아직 수많은 전투가 남아있으며 동시에 수많은 기회도 남아있다는 것을 깨달았습니다.

조이스 마이어 목사님은 공포의 영어단어가 ' Fear '가 ' False(잘못된), Evidence(증거), Appearing(나타난), Real(현실) '의 약어라고 말했습니다. ' 현실이라고 믿는 거짓된 증거 '가 공포를 만드는 것입니다. 그러나 주님을 향한 믿음은 말씀이 약속하는 참된 언약을 바라보게 합니다.

사랑하는 성도 여러분

우리가 믿는 것은 '현실'이 아닙니다. 그 너머에 있는 하나님입니다. 내가 가지고 있는 생각과 관심이 우리의 현실이 아닌 하나님의 관심에 있기를 바랍니다.

- 목양실에서 이문회 목사 -

◆ 맑은샘광천교회는 **주일학교** 모든 부서가 동일한 주제로 말씀을 듣고, 성경공부를 합니다. 아래의 내용으로 자녀들과 서로의 신앙을 나누세요.
☞ **금주의 주일학교 설교 및 공과 주제 : 하나님 나라 관점에서 본 " 언론 "**
　유년부 : 하나님의 자녀는 진실만을 말하며 자신의 이익과 만족을 위해 다른사람에게 거짓을 말해서는 안됩니다.
　초등부 : 하나님의 백성은 자신의 유익을 위해서 진실을 왜곡해서는 안됩니다.
　중등부 : 그리스도인은 세상에 성경적 가치와 기준을 전해야 합니다.
　고등부 : 믿음의 눈을 가지고 세상을 살아갈때 옳고 그름을 판단할 수 있으며 정의와 공의가 회복될 수 있습니다

인생의 방황은 예수님을 만나면 끝나고
신앙의 방황은 맑은샘광천교회를 만나면 끝이 납니다.

"수고하고 무거운 짐진 자들아 다 내게로 오라. 내가 너희를 쉬게 하리라"(마11:28)

1 족장 시대: 선택, 그 너머 이야기

이번 분기는 구약개론을 진행합니다.
이번 과는 구약 39권 중 창세기를 살펴봅니다.
창세기는 세상과 사람을 창조하시고, 죽음으로 불순종을 심판하시는 하나님께서 아브라함과의 언약으로 구속의 위대한 계획을 시작하시는 내용이 기록되어 있습니다. 1-11장까지는 원 역사(만물의 시작), 12-36장까지는 족장시대(아브라함, 이삭, 야곱), 37-50장까지는 예수님의 모형이라 불리는 요셉을 다루고 있습니다.

진리 Vs 대중

종종 뉴스를 보면 SNS에 유명인들이 어떤 이야기를 했고, 어떤 선택을 했는지가 이슈로 보도될 때가 있습니다.

그래서 최근의 경향은 SNS에 올라온 글쓴이의 유명세와 '좋아요'의 갯수에 따라 대중의 여론이 형성되는 현상이 종종 나타납니다. 이 현상의 너머에는 글을 읽는 대중들이 객관적이고 논리적인 판단이 아닌 글쓴이의 유명세와 반응이 기준이라는 전제가 숨어있습니다.

이와 같은 현상은 다양한 사회문제를 일으킬 때가 있습니다. 몇몇 사람들은 SNS속 자신이 지지하는 의견과 다를 경우 마녀사냥과 같은 폭력을 행사하기도 할 뿐 아니라 상업적 혹은 정치적으로 악용하기도 합니다.

내 생각에는…

1. SNS에서 내가 좋아하는 유명인, 혹은 '좋아요' 만을 보고 '좋아요'를 눌러 보거나 댓글을 단 경험이 있다면 말해봅시다. 그렇게 한 이유는 무엇인가요?

_____

_____

_____

2. 학교, 가정에서 내 생각과 다르지만 다수의 의견이기 때문에 따라 간 경험이 있다면 말해봅시다.

_____

_____

_____

하나님이 원하시는 선택

| 창세기 |

1. 아브라함과 롯의 선택은 어떤 차이가 있었나요? 이 둘은 어떤 기준을 따랐나요(창 13:1-18)?

롯은 자신이 보기에 좋은 것들을 선택했습니다. 그러나 아브라함은 하나님이 원하시는 것을 선택했습니다.

2. 라반은 야곱의 품삯을 빼앗기 위해 부정적인 방법(30:35)을 사용합니다. 야곱은 라반의 부정에 어떤 결정을 하나요? 왜 그런 결정을 할 수 있을까요(30:25-37, 참고: 29:1-35, 37:1-36)?

3. 요셉은 보디발의 아내의 유혹에 빠지지 않았습니다. 요셉의 결정 이면에 무엇이 있었나요(창 39:7-9)?

이 집에는 나보다 큰 이가 없으며 주인이 아무것도 내게 금하지 아니하였어도 금한 것은 당신뿐이니 당신은 그의 아내임이라 그런즉 내가 어찌 이 큰 악을 행하여 하나님께 죄를 지으리이까(창39:9)

4. 하나님은 족장들을 통해, 오늘을 살아가고 있는 나에게 무엇을 말씀하시는 걸까요?

하나님이 중심이 된 선택		창세기 속 선택	인간이 중심이 된 선택		
대상	선택의 기준	본문	대상	선택의 기준	본문
노아의 방주	하나님 말씀에 순종	창6:22	아담과 하와	자신이 하나님과 같아 질려고함	창3:5-9
아브라함의 이동	하나님의 말씀을 따라 땅을 떠남	창12:4	가인의 살인	질투가 가인을 지배함	창4:5-9
			바벨탑 사건	인간의 방식으로 높아지려함	창11:4-7 (창1:17)
아브라함의 선택	하나님께서 아브라함의 눈을 들어	창13:14	롯의 선택	자신이 보기에 좋은 땅 선택	창13:10

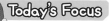
Today's Focus

구약의 메시지는 세상의 방법과 방식이 아닌, 하나님의 방법과 방식을 선택하는 사람들을 통해 하나님의 일이 성취된다는 것입니다.

말씀의 렌즈로 일상 돌아보기

1. 최근 청소년들은 여학생은 치마를 짧게 줄이고, 남학생은 바지 통을 좁게 줄입니다. 그래서 일부의 학생들은 치마 길이와 바지통을 줄이지 않은 친구를 이상한 사람으로 취급할 때도 있습니다. 여러분들은 이 문화 속에서 어떻게 하고 있나요? 그렇게 하는 이유는 무엇인가요?

2. 최근 청소년에게 '마크 정식'이 인기입니다. 마크 정식은 컵 떡볶이, 스파게티 컵라면, 소시지, 치즈로 조합한 것으로, 아이돌 그룹 '마크'의 이름을 붙인 것입니다. 문제는 나트륨 함량이 많다는 것입니다. 마크 정식의 나트륨 함량은 3,170mg으로 하루 나트륨 권장량을 뛰어 넘습니다. 이는 고혈압, 비만과 같은 문제를 가져올 수 있습니다. 왜 청소년들은 손해 볼 것을 알면서도 이 음식을 즐기고 선택 할까요? 나는 나중을 생각하지 않고 선택한 것이 있다면 말해봅시다.

3. 사람들은 중요한 결정을 할 때 여러 가지 사항을 고려합니다. 어떤 사람은 자신이 받을 이익이나 사람들의 평가를 중요한 기준으로 삼아 선택합니다. 나의 선택에 있어서 가장 중요한 기준은 무엇인가요? 왜 그것을 가장 중요하게 고려하는지 말해봅시다. 더불어 기독 청소년들은 어떤 기준으로 선택해야 하는지도 말해봅시다.

요즘 인스타그램이나 페이스북을 보면 유명한 셀럽, 지식인들이 다양한 사회문제에 대해 다양한 의견을 표현합니다. 그러면 대중들은 그 사람들의 선택과 생각에 '좋아요'로 지지합니다. 대중은 다시 페이지 속 '좋아요' 숫자와 그 사람의 명성만을 보고 선택과 생각에 동조합니다. 그리고 만약 몇몇 사람이 그 의견에 반대되는 의견을 올리면 글의 의도와 내용에 상관없이 마녀사냥식 재판을 합니다.

• 이런 현상에 대해 어떻게 생각하나요? 나라면 유명인과 대중이 지지하는 내용이 성경과 다를 경우 떳떳하게 반대할 수 있을까요? 그 이유는 무엇인가요?

"만일 여호와를 섬기는 것이 너희에게 좋지 않게 보이거든 너희 조상들이 강 저 쪽에서 섬기던 신들이든지 또는 너희가 거주하는 땅에 있는 아모리 족속의 신들이든지 너희가 섬길 자를 오늘 택하라 오직 나와 내 집은 여호와를 섬기겠노라 하니"(수 24:15)

17

빛의 자녀! 말씀으로 빛나는 삶

Discernment

그리스도인은 다수가 선택하는 것을 따라가는 것이 아니라, 하나님의 말씀을 따라 선택해야 합니다. 하나님은 말씀이 선택의 기준이 된 사람을 세우고, 그 백성을 사용하십니다.

삶이 있는 신앙

• 나의 선택의 기준이 무엇인지 생각해 봅시다.

⇒ [돌아보기]

내 삶의 기준과 선택의 중심점이 하나님인지 말해봅시다.

⇒ [실천하기]

Mission 1. 내 감정이 상할 때 나는 어떤 선택을 하나요? 그때 나의 기준은 무엇인가요?

Mission 2. 지금까지 내가 실수한 선택을 정리해 보고, 왜 그렇게 선택했는지 반성하고 하나님이 중심된 선택은 어떤 선택인지 정리해 봅시다.

Mission 3. SNS에서 성경적 기준을 가지고 댓글달기

• 일주일 동안 세 가지 Mission을 수행하며 느낀 점을 선생님, 친구들과 함께 나누어 보세요.

삶을 위한 말씀의 창

오직 너는 마음을 강하게 하고 극히 담대히 하여 나의 종 모세가 네게 명한 율법을 다 지켜 행하고 좌로나 우로나 치우치지 말라 그리하면 어디로 가든지 형통하리니(여호수아 1:7)

하나님을 보고 걸어가는 사람

존 위클리프(1320~1384)는 '개혁의 샛별'로 불리는 종교개혁가이다. 그의 가장 큰 업적 중에 하나는 라틴어로 쓰여 있는 성경을 많은 사람들이 읽을 수 있도록 영어로 번역한 것이다. 위클리프가 성경을 영어로 번역한 이유는 단 한 가지이다. 당시의 라틴어는 많은 나라에서 사용되는 언어였지만 귀족, 성직자와 같이 돈이 있고 교육을 받은 사람들만 사용하는 언어였다. 그래서 일반 평민들은 라틴어를 모르기 때문에 라틴어로 쓰여 있는 성경을 읽을 수가 없었다. 그래서 위클리프는 라틴어를 모르는 다른 사람들도 읽을 수 있고, 신앙생활에서 성경이 유일한 기준임을 천명하면서 성경을 번역하고자 하였다.

그러나 당시에 성경을 번역하는 일은 개인이 할 수 있는 일이 아니었다. 당시의 로마 카톨릭은 라틴어로 번역된 성경을 유일한 성경으로 생각하고, 일반의 언어로 번역된 성경은 결코 있을 수 없다고 생각했다. 그런데 위클리프가 성경을 영어로 번역했을 뿐만 아니라 필사하여 보급하자 로마가톨릭은 위클리프를 배교자로 몰아 출교 시켰다. 그러나 위클리프는 교회에서 쫓겨 났음에도 불구하고 영어로 번역하고 필사하는 일들을 쉬지 않았고 죽는 날까지 성경을 번역하였다.

그러나 그는 사람들의 핍박과 비난에도 자신이 선택한 길이 하나님이 원하시는 진리의 길임을 알고 그 길을 결정하고 걸어갔다. 심지어 교황청은 위클리프가 세상을 떠난 40년 뒤 그의 유골을 다시 파내 많은 사람들 앞에서 그의 유골을 불사르기도 했다.

위클리프의 하나님을 위한 결정과 선택으로 인해 번역된 성경을 보고 사람들은 쉽게 복음을 이해할 수 있었을 뿐만 아니라 종교개혁자 후스에게도 영향을 주었다.

2 출애굽 시대: 선택은 구별입니다

이번 분기는 구약개론을 진행합니다.

이번 과에서는 구약 39권 중 출애굽 시대(출애굽기, 레위기, 민수기, 신명기)를 살펴봅니다.
이 시기는 하나님께서 이집트에 포로로 있던 이스라엘 백성을 구원하시고, 시내산 언약으로 그들을 신실한 하나님의 백성으로 세우시는 시기입니다. **출애굽기**는 모세를 통한 이스라엘 백성의 출애굽 과정과 시내산에서 받은 십계명을 토대로 한 하나님 백성의 규율과 특성을, **레위기**는 시내산에서 체결된 율법 규정들을 토대로 하나님 백성의 거룩한 삶, **민수기**는 3개의 장소(시내산, 가데스, 모압평지)를 중심으로 약속의 성취 과정을, **신명기**는 모세가 그의 생애 끝에서 한 위대한 연설을 통하여, 하나님의 놀라운 행위, 그의 언약, 그의 많은 명령을 상기시키는 내용입니다.

Pick me

한 TV 쇼는 연습생 101명 중 11명의 아이돌을 뽑는 프로그램을 방영했습니다. 이 프로그램을 통해 11명의 연습생들이 선택되면 그들에게 데뷔할 수 있는 기회를 주었습니다. 이 쇼의 방식은 연습생이 자신의 기량을 나타내면 시청자들의 투표를 통해 11명을 선발하는 과정입니다. 처음에는 인지도가 많고, 얼굴이 아름다운 사람들이 투표에 유리했습니다. 그러나 후반부로 갈수록 시청자들은 얼굴과 인지도가 아닌, 연습생들에게 순위에 걸맞은 실력을 요구했습니다. 결국, 선택된 11명의 연습생들은 실력을 갖춘 사람들이었습니다.

내 생각에는…

1. 여러분들이 투표를 한다면 어떤 기준으로 투표를 할지 말해봅시다.

_____

_____

2. 프로그램 후반부로 갈수록 인지도만 있고 실력이 없는 후보는 순위에서 밀렸습니다. 왜 이런 현상이 나타날까요?

_____

_____

20

선택 = 구별

| 출애굽기, 레위기, 민수기, 신명기 |

1. 하나님은 자기 뜻과 계획(언약)을 이루기 위해 어떤 방법을 사용하시나요? 하나님이 사람들을 선택하는 기준은 무엇인가요 (출 1:1-2:25, 3:1-22, 느9:7, 시 106:23, 신 7:6-8)?

   하나님은 자기 뜻을 이루시기 위해 사람. 지파. 민족을 선택하십니다. 그리고 그들을 통해 하나님의 뜻을 성취하십니다. 하나님의 선택은 사람의 조건이나 환경이 아닙니다. 하나님의 사랑에 바탕에 둔 은혜입니다.

2. 구원받은 백성이 구별된 삶을 살아갈 이유는 무엇일까요(레 11:45 8,9,10,21장)?

3. 하나님은 미디안 여인과 음행한 이스라엘 백성을 어떻게 하셨나요? 하나님은 선택받은 백성이 거룩한 삶을 살지 못할 때 어떻게 하시나요(민 25장)? 그렇게 하시는 이유는 무엇일까요(신 26:17-19, 28:20-68)?

4. 나답과 아비후는 선택 받은 백성임에도 죽임을 당합니다(레 10:1-7). 하나님의 선택받은 백성의 삶은 어떤 삶일까요(신 7:8, 14:2, 21; 26:19; 28:9; 마 5:13-16)?

   하나님이 백성들을 선택했다는 것은 그들을 구원하셨음을 말합니다. 신7:8에 바로의 손에서 속량(ㄱ,ㅋ)했다는 말은 '포로의 몸값을 주고 되찾다.'입니다. 이 단어에서 '구출하다'. '해방하다'라는 의미가 나옵니다.

5. 모세의 설교는 오늘 내가 거룩하게 살아야 하는 이유는 무엇이라고 하나요(신30:1-20)

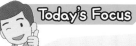

Today's Focus

하나님이 선택한 백성은 하나님 영광을 위해 거룩한 삶을 살아야 합니다.

말씀의 렌즈로 일상 돌아보기

1. 우리나라 청소년 7명중 1명은 스마트폰 중독된 것으로 나타났습니다. '2017년 스마트폰 이용습관 진단조사'결과에서 전체 응답자의 14.3%로가 중독군으로 파악되었습니다. 이 결과를 바탕으로 구별된 기독청소년의 모습을 말해 봅시다.

2. 하나님은 선택한 백성들을 지키시고(열재앙, 홍해사건, 발락과 발람) 인도하십니다. 그런데 이스라엘 백성들은 하나님 말씀에 순종하지 못합니다. 우리도 환경이 잘 마련되어 있음에도 불구하고 부모님, 선생님 말씀에 불순종할 때가 많이 있습니다. 나는 언제 어른들의 말에 불순종하나요?

3. 선택받은 백성은 거룩한 구별의 삶을 살아야 합니다. 세상 사람이 말하는 구별(다름)과 그리스도인이 말하는 구별은 어떤 차이가 있나요? 왜 우리가 구별된 삶을 살아가야 할까요?

팬클럽 회원 중 유령회원이 있습니다. 유령회원이란 팬클럽에 가입하였지만 팬클럽 활동과 정기적인 모임에는 참석하지 않는 회원들을 이야기합니다. 그래서 팬클럽 내부에서 팬클럽의 의무를 다하지 않는 유령회원들을 회원으로 보지 말고 회원과 유령회원을 구별하여, 이벤트, 선물들을 다르게 구별해야 한다고 이야기합니다.

• 세상은 조건에 따라 등급을 나누고 분류합니다. 그러나 하나님께서는 유령회원과 같은 신앙을 가졌다면 어떻게 하실까요? 나는 예수님이 보신다면 어떤 회원일까요?

너는 네 하나님 여호와의 성민이라 여호와께서 지상 만민 중에서 너를 택하여 자기 기업의 백성으로 삼으셨느니라(신 14:2)

빛의 자녀! 말씀으로 빛나는 삶

Discernment

구원받은 성도는 하나님의 말씀을 따라 거룩한 삶의 모습을 가지고 살아가야 합니다.

삶이 있는 신앙

• 선택받은 삶 = 구별된 삶, 구원 받은 삶=거룩한 삶

⇒ [돌아보기]

선택받은 합당한 그리스도인으로 살기

⇒ [실천하기]

Mission 1. 학교에서 하나님을 모르는 친구들과 동일한 잘못된 행동을 한 것을 하나 적고 1주일 동안 하지 않기

Mission 2. SNS에 올라온 사회 문제를 보고, 구별된 그리스도인은 어떤 입장을 취해야 하는지 주장하는 글 적어보기

Mission 3. 적은 내용을 가지고, SNS의 친구들 중 5명에게 전달해 주기

• 일주일 동안 세 가지 Mission을 수행하며 느낀 점을 선생님, 친구들과 함께 나누어 보세요.

_____

_____

_____

삶을 위한 말씀의 창

이같이 너희 빛이 사람 앞에 비치게 하여 그들로 너희 착한 행실을 보고 하늘에 계신 너희 아버지께 영광을 돌리게 하라(마 5:16)

선택하시고 구별된 삶을 살도록 하심

구약에는 다양한 주제들이 있습니다. 그런데 구약의 중요한 주제 중 하나는 하나님께서 그의 백성을 세우시는 것입니다. 하나님이 일하시는 방법은 기적과 같은 놀라운 일을 보이시기도 하지만 백성들을 통해 하나님의 일과 계획을 이루십니다. 그래서 구약은 하나님이 아브라함의 자손인 이스라엘 백성들을 선택하시고 백성들이 세상의 다른 민족들과 구별된 민족이 되기를 원하십니다. 구별된 백성은 선민의식을 가진 백성을 말하는 것이 아닙니다. 하나님만을 섬기고, 하나님만을 따르는 사람들을 말합니다 .

하나님은 구별된 백성들이 거룩한 길을 걷도록 하시고, 이 길을 통해 세상이 정화되고, 무엇보다 하나님의 뜻과 계획이 이루어지도록 하였습니다. 그래서 구약의 역사는 '하나님을 따르는 사람'과 '세상을 따르는 사람'으로 나누어 생각할 수 있습니다. 이스라엘 백성들은 하나님의 특별한 선택에도 불구하고 하나님을 배신하고, 다시 하나님을 따르는 일을 반복해서 나타내고 있습니다. 결국, 구약은 하나님 앞에 선택받은 백성들이 세상과 다르게 하나님 말씀을 따라 사는 구별된 백성의 이야기와 그 백성의 실패를 다루고 있습니다.

3 사사 시대: 다른 기준, 다른 선택, 다른 세대

이번 분기는 구약개론을 진행합니다.
이번 과에서는 구약 39권 중 여호수아, 사사기, 룻기를 살펴봅니다.
사사 시대는 이스라엘 백성들이 가나안 땅에 들어가고 정착하는 시기입니다. 그리고 여전히 남아 있던 이방 민족과 그들의 신과 하나님 사이에서 분명한 자신들의 길을 선택해야 하는 시기였습니다. **여호수아**는 모세의 뒤를 이어 지도자가 된 여호수아의 가나안 정복 전쟁과 정착 및 땅분배를, **사사기**는 타락-심판-구원-타락의 사이클 속에서 하나님께서 보내신 12명의 사사들 (옷니엘, 에훗, 삼갈, 드보라, 기드온, 둘라, 야일. 입다. 입산, 엘론. 압돈, 삼손)의 이야기를, **룻기**는 이방여인 룻을 통해서 구속의 계보를 이끌어 가시는 하나님의 은혜에 관한 내용입니다. 사사 시대를 가장 잘 설명하는 것이 이 말씀입니다. "그때에 이스라엘에 왕이 없음으로, 사람이 각각 그 소견에 옳은 대로 행하였더라(사 17:6, 21:25)."

 나는 장난이었는데

유명한 동영상 사이트에 충격적인 영상이 올라와 사회적인 큰 파문을 일으켰습니다. 그 영상의 내용은 중학생쯤 보이는 아이들이 길 가운데를 지나가는 초등학생을 이유 없이 폭행하는 것이었습니다

심지어 이 영상은 일부 청소년들에게 인기를 끌어 모방 영상들이 동영상 사이트에 속속 올라와 다양한 유사 동영상을 쉽게 발견할 수 있었습니다.

이 영상을 본 사람들은 이 청소년들을 찾아 처벌하라고 경찰에 요청했고, 경찰은 이 청소년들을 찾아 경찰서로 소환했습니다.

경찰서로 소환된 청소년들은 자신들이 초등학생들을 때린 이유는 장난이었다고 이야기했습니다. 또한, 초등학생은 어떨지 생각해 봤느냐는 기자의 질문에 한 청소년은 '장난이었기 때문에 미안한 생각이 없었다고' 이야기해서 인터넷상에 큰 파장을 가지고 왔습니다.

대부분의 학교 폭력 가해자들은 타인의 기준이 아닌, 자신의 기준으로 장난과 재미를 결정합니다.

 내 생각에는…

1. 나는 장난, 재미였는데 상대방은 괴로워한 경험이 있는지 말해봅시다.
   _____

2. 위 이야기 속 가해자들의 기준은 무엇인가요? 그 사람의 기준에 어떤 문제들이 있기에 사회적인 문제가 되었나요?
   _____

다른 기준, 다른 선택

| 여호수아, 사사기, 룻기 |

1. 여호수아서는 모든 땅을 정복하지 않았지만 땅을 분배합니다. 그런데 땅 분배 이후 사사기의 시작은 땅을 정복하지 못한 이스라엘에 대해서 이야기 합니다. 사사기는 이 와 같은 현상에 대해 무엇이라 말하나요(수13:17, 삿1:7, 21:25)?

   가나안 땅에 들어간 이스라엘 백성들은 하나님이 허락하신 정복을 완성하지 못합니다. 그 이유는 불순종 했기 때문입니다. 그 후 여호수아가 죽은 후 이스라엘에는 다른 세대가 세워집니다. 다른 세대는 여호와 를 모르는 세대입니다.

2. 이스라엘 백성들이 잘못된 선택(하나님을 떠난 선택)을 한 이유는 무엇인가요(삿 17:6, 21:25)?

   이스라엘 백성들이 잘못된 선택을 하는 이유는 이들이 하나님을 떠나 자신을 선택의 기준으로 삼았기 때 문에 다른 세대가 세워지고, 하나님을 떠난 것입니다.

3. 다른 세대가 세워진 이스라엘 백성들은 하나님 앞에서 어떤 삶을 살았나요? 반복된 잘못 속에서 하나님은 이스라엘 백성들이 어떤 삶을 살기 원하셨나요(삿 2:11-19)?

   사사기에는 '범죄-진노-압제-부르짖음-구원-재범죄'의 패턴이 6번이나 나타납니다. 사사기는 이 반복 속 에 하나님이 사사를 통해 이스라엘을 구원해 주시는 이야기를 담고 있습니다.

4. 각자 자신의 기준을 따라 선택하며 살아간다면 하나님이 기뻐하는 삶을 살 수 없습니 다. 그 이유는 무엇인가요?

Today's Focus

하나님의 백성은 하나님 말씀을 선택하고 따르는 사람입니다.

말씀의 렌즈로 일상 돌아보기

1. 내가 중간, 기말고사 기간 동안 나름대로 열심히 공부해서 시험을 보았지만 공부한 내용이 나오지 않아 시험을 잘 보지 못한 경우들이 있었나요? 왜 어떤 친구는 공부를 열심히 하지 않았음에도 불구하고 시험을 잘 보았을까요? 이 둘의 차이는 무엇일까요?

2. 종종 학교에서 학칙에 어긋나게 실내화가 아닌 운동화를 신고 교내에 들어오는 친구들이 있습니다. 그 친구들은 '내 발 가지고 내 마음대로 들어오는데 무슨 상관이야'라고 말을 합니다. 이런 친구를 보면 어떤 생각이 드나요? 이 친구의 잘못은 무엇인가요?

3. 사사기 19장에 나온 기브아에서 일어난 반인륜적인 사건은 하나님 말씀이 없는 백성의 삶의 비극을 보여줍니다. 그렇다면 나의 학교 생활과 삶을 보면 하나님 말씀을 기준 삼아 살아가고 있나요? 아니라면 그 이유는 무엇일까요?

어떤 사람들은 하나님을 믿으면 항상 좋은 일만 있어야 한다고 생각합니다. 그래서 때로는 자기 생각과 달리 계획했던 일들이 틀어지면 하나님이 없다고 생각하는 사람도 있습니다. 기도도 열심히 했고, 헌금도 많이 했는데 일이 뜻대로 풀리지 않는다고 하나님이 없다고 말합니다.

• 나도 이런 경험이 있는지 말해봅시다. 이 사람의 말처럼 내 생각과 뜻대로 되지 않으면 하나님이 없다고 말할 수 있을까요? 이 사람은 어떤 기준을 가지고 살아가고 있나요? 기준이 하나님에게 있는 사람은 이 상황을 어떻게 이해할지 말해봅시다.

 사람의 행사로 논하면 나는 주의 입술의 말씀을 따라 스스로 삼가서 포악한 자의 길을 가지 아니하였사오며 나의 걸음이 주의 길을 굳게 지키고 실족하지 아니하였나이다(시편 17:4-5)

빛의 자녀! 말씀으로 빛나는 삶

Discernment

그리스도인은 내가 아니라, 하나님의 말씀을 기준삼고 살아가야 합니다.

삶이 있는 신앙

• 내 삶의 기준은 누구? 기준 차이는 삶의 차이

⇒ [돌아보기]

하나님이 기뻐하는 것이 아닌 내가 기뻐하기 위해 했던 일을 적어보기

⇒ [실천하기]

Mission 1. 식욕과 같은 욕심이 일어날 때 참아보기

Mission 2. 학교에서 친구가 짜증나게 할 때 한번 참고 넘어가기

Mission 3. 주일날 놀자고 하는 친구 유혹 담대히 물리치기

• 일주일 동안 세 가지 Mission을 수행하며 느낀 점을 선생님, 친구들과 함께 나누어 보세요.

_____

_____

_____

_____

_____

삶을 위한 말씀의 창

이는 내 생각이 너희의 생각과 다르며 내 길은 너희의 길과 다름이니라 여호와의 말씀이니라 이는 하늘이 땅보다 높음 같이 내 길은 너희의 길보다 높으며 내 생각은 너희의 생각보다 높음이니라(이사야 55:8-9)

 ## 사람의 뜻이 아닌 하나님의 뜻을 따른 다니엘

성경에 나오는 다니엘은 영화 속 주인공처럼 고난과 역경을 이겨낸 인물입니다. 그래서 우리는 다니엘을 통해서 그리스도인이 세상에서 어떻게 살아야 하는지에 대한 중요한 원리를 배울 수 있습니다.

다니엘은 바벨론에 포로로 잡혀간 유대인입니다. 그는 바벨론 궁정에서 언어와 학문을 배워 신하로 섬깁니다. 그러나 바벨론에서 학문을 배운 다른 신하들과 근본적으로 다른 가치를 가지고 있었습니다. 당시의 사람들은 왕의 권력과 명령 때문에 움직였지만, 다니엘은 세상의 권력과 명령이 아닌 하나님에게 그 뜻과 기준을 두었습니다(단 1:8). 그는 여러 가지 선택의 상황에서도 사람들과 다른 선택을 했습니다. 추구하는 가치와 결과에 대한 기대가 달랐기 때문입니다.

다니엘은 세상과 다른 기준 때문에 손해를 보고, 고난을 겪고, 심지어 사자 굴에 들어가는 위험을 맞이하기도 했지만, 그의 뜻(기준) 때문에 그는 세상이 아닌 하나님의 보호를 받습니다.

모든 그리스인은 다니엘과 같은 사람이 되어야 합니다. 세상 혹은 자기 뜻에 기준을 두는 사람이 아닌, 하나님에게 기준을 두는 사람이 되어야 합니다. 그럴 때 세상이 아닌 하나님의 성공을 이루고, 세상이 아닌 하나님의 보호를 받는 삶을 살게 됩니다.

4 통일 왕국: 같은 상황 다른 선택

이번 분기는 구약개론을 진행합니다.
이번 과에서는 사무엘상, 사무엘하, 열왕기상까지 통일 왕정 시기를 살펴봅니다.
통일 왕국 시대는 약속의 땅에 정착한 이스라엘 민족에게 하나님께서 왕조를 세워주시는 시기입니다. **사무엘상**은 마지막 사사인 사무엘, 이스라엘의 첫 번째 왕 사울, 3세기 동안 지속될 왕조의 건설자인 다윗에 대한 내용이, **사무엘하**는 다윗 왕을 통해 이스라엘의 왕정이 견고해지는 내용이, **열왕기상**은 다윗의 아들 솔로몬을 통해 세워진 성전과 그 솔로몬이 실정한 내용입니다.

같은 이야기, 다른 이야기

한 대학에서 학생들을 대상으로 실험을 했습니다. 실험의 내용은 간단합니다. 이야기를 알고 있는 한 사람이 앞에 있는 사람에게, 그리고 그 사람은 그 앞에 있는 사람에게 들은 이야기를 전달하도록 했습니다. 그래서 처음 이야기를 전한 사람과 마지막에 이야기를 들은 사람 사이에 어떤 차이가 있나 확인했습니다.

사실 처음 이 실험을 할 때 연구자들은 정보가 비교적 잘 전달될 것을 예상했습니다. 그러나 예상과 달리 이야기는 전달될 수록 달라졌습니다. 결국 마지막 이야기를 들은 사람은 앞 사람 이야기와 전혀 다른 이야기를 전달했습니다.

즉, 이 실험의 결과를 정리해 보면, 사람들은 이야기를 전달할 수록 자기 생각과 경험을 토대로 재구성 한다는 것입니다.

내 생각에는…

1. 내가 전한 이야기가 다른 사람들을 통해 잘못 전달된 경우가 있었나요? 왜 그렇게 할까요?

_____

_____

_____

2. 왜 사람들은 이야기를 전달하면서 조금씩 다르게 이야기 할까요?

_____

_____

_____

_____

잘못된 선택

| 사무엘상, 사무엘하, 열왕기상 |

1. 사울왕은 어떤 왕이었나요(삼상 11:1-15)? 사울왕이 하나님 말씀에 불순종하고 다른 것을 선택한 이유는 무엇인가요(삼상 15:15, 20-21,24)?

_____

_____

2. 다윗은 자신의 대적자인 사울 앞에서 어떤 선택을 했나요? 다윗이 그런 행동을 하게 만든 것은 무엇인가요(삼상 24:6)?

> 사실 다윗이 자신의 생명을 위협하는 사울을 죽이는 것은 당연한 행동일 것입니다. 그러나 다윗은 자신의 상황과 환경보다 하나님의 말씀을 소중하게 생각하고, 하나님의 말씀에 순종했습니다.

_____

_____

3. 솔로몬은 하나님의 칭찬을 받는 왕이었습니다.(왕상3:1-28, 4:20-34, 6:1-37, 8:1-10) 그러나 솔로몬 이후 이스라엘 족속들은 분열되었습니다(왕상2:1-20) 솔로몬의 마지막이 비참한 이유는 무엇인가요(왕상11:1-13)?

_____

_____

_____

4. 똑같은 상황에 친구랑 다른 선택을 한 경험이 있나요? 있다면 왜 다른 선택을 했나요?

_____

_____

_____

Today's Focus

하나님의 길을 선택한 사람은 어떤 상황과 어려움 속에서도 하나님의 말씀을 지키고 나아가는 사람입니다.

31

말씀의 렌즈로 일상 돌아보기

1. 학교 친구나 미디어 속 정치인 및 유명인 중 상황에 따라 약속을 바꾸거나 지키지 않는 사람이 있습니다. 왜 일부 친구나 정치인들은 약속을 바꾸거나 지키지 않을까요 사람들은 이 사람들의 모습을 보고 어떻게 생각을 하나요?

2. 급식시간에 기도를 하고 점심을 먹으면 많은 친구들이 기도하는 내 모습을 보고 '티를 낸다.', '너 교회 다니냐? 등 많은 질문을 해 곤욕스러울 때가 있습니다. 이럴 때 나는 어떻게 이야기 하나요?

3. 솔로몬은 처음에는 하나님의 말씀에 충실한 왕이였지만 마지막은 비관적이었습니다. 솔로몬의 마음이 바뀐 이유는 무엇인가요? 솔로몬처럼 나도 마음이 바뀌거나 하나님 보다 다른 것을 마음에 품은 적이 있다면 말해봅시다.

청소년은 감정에 따라 생각과 선택이 바뀔 때가 많이 있습니다. 기분 좋을 때는 아무 문제가 없지만, 본인 기분이 상할 때는 결정한 내용과 생각을 바꾸는 것을 당연하게 생각합니다.

• 나도 이런 경험이 있나요? 기분에 따라 당연히 해야 하는 것을 알면서도 하지 않고 내 마음대로 한 적이 있다면 말해봅시다. 그리고 당시의 결정을 지금 생각해보면 어떤 생각이 드는지 말해봅시다.

 여호와여 주의 도를 내게 보이시고 주의 길을 내게 가르치소서 주의 진리로 나를 지도하시고 교훈하소서 주는 내 구원의 하나님이시니 내가 종일 주를 기다리나이다(시편 25:4-5)

빛의 자녀! 말씀으로 빛나는 삶

Discernment

그리스도인은 상황과 환경에 의해서 선택을 달리하는 사람이 아닙니다. 언제나 진리인 하나님 말씀을 믿고 상황을 넘어서는 선택을 해야 합니다.

삶이 있는 신앙

• 내 삶, 내 뜻, 내 기준을 떠나 하나님 말씀이 기준이 되고 그 기준에 따라 선택하는지 생각해 봅시다.

⇒ [돌아보기]

감정이 상할 때 내 기준은 무엇인지 돌아보기

⇒ [실천하기]

Mission 1. 친구가 기분 상하게 해도 객관적으로 생각하고 선택하기

Mission 2. 내가 해야할 일에 상황과 환경을 가지고 핑계대지 않기

Mission 3. 내가 하고 싶은 일만 하지 말고, 꼭 필요하고 해야하는 일
　　　　　　 한 가지 하기

• 일주일 동안 세 가지 Mission을 수행하며 느낀 점을 선생님, 친구들과 함께 나누어 보세요.

_____

_____

_____

---- 삶을 위한 말씀 거울

나의 가는 길을 오직 그가 아시나니 그가 나를 단련하신 후에는 내가 정금 같이 나오리라(욥 23:10)

그래 결정했어

90년대 일요일 밤마다 많은 사람들이 TV앞에 모였습니다. 그 이유는 이휘재가 진행하는 인생극장이라는 프로그램 때문이었습니다.

이 프로그램은 똑같은 상황에 다른 결정을 하면 어떤 변화가 있는지를 보여주는 프로였습니다. 이 프로그램은 결정이 사람의 인생에 얼마나 중요한지 말해주었습니다. 한순간의 결정과 선택은 우리가 예상할 수 없는 결과를 가져오기도 하기 때문입니다.

그러나 중요한 것은 우리가 인간이기 때문에 모든 결과를 알 수 없습니다. 그 말은 같은 상황에 각기 다른 선택이 어떤 결과로 나타나게 될지를 모른다는 것입니다. 그러나 하나님의 말씀을 따르는 결정은 다른 것을 의존하는 것이 아닌, 세상을 주관하는 하나님의 말씀을 따르는 것입니다.

비록 그 결정이 힘들고 어렵더라도 하나님이 보증하는 결정입니다. 여러분의 결정은 누가 보증하는 결정인가요?

5 분열 왕국: 왕의 한 수 VS. 왕의 악수

이번 분기는 구약개론을 진행합니다.

이번 과에서는 구약 39권 중 분열 왕국(열왕기상, 열왕기하, 역대상, 역대하)을 살펴봅니다.
분열 왕국 시대는 솔로몬의 실정으로부터 시작된 우상숭배가 나라를 분열시키고, 이스라엘을
무너뜨리는 시기입니다. **열왕기상**은 솔로몬의 화려한 통치가 예루살렘 성전을 봉헌하여 최고조
에 달하지만 나라가 분열되고, 우상숭배에 빠진 이스라엘을 위해 하나님께서 선지자들을 일으
키시는 내용이, **열왕기하**는 몇몇 의로운 왕들이 개혁을 시도하지만 마침내 북이스라엘은 앗수
르에게, 남 유다는 바벨론에게 멸망하는 내용입니다. **역대상**은 넓은 범위에 걸친 서론적 족보
를 기술한 후에 다윗이 하나님께 복을 받아 40년을 통치한 내용을, **역대하**는 분열된 나라에서
어떤 왕들이 악했고, 선했는지에 대한 내용입니다. 똑같은 이야기를 각각 열왕기는 "이스라엘이
왜 멸망했는가"라는 관점에서, 역대기는 "다윗 언약이 어떻게 지속될 수 있었는가"의 관점에서
다루고 있습니다.

허위 매물

    인터넷 서핑을 하다 보면 중고 자동차를 값싼 가격에 판매하는 광고를 볼 수 있습니다.
실제로 많은 사람이 이 광고의 내용을 보고, 저렴한 가격으로 자동차를 사기 위해서 광고
속 업체에 문의 합니다.

    그런데 이 광고를 천천히 살펴보면 광고 속 중고 자동차의 가격이 터무니없이 싸다는 것
을 알 수 있습니다. 그 이유는 광고 속 자동차는 실제 매매되는 자동차가 아니라 중고 자
동차 업체가 사람들을 낚기 위한 낚시성 허위 매물입니다.

    실제로 허위 매물을 보고 문의를 하거나 찾아오는 사람들에게 다른 자동차를 강매하도
록 하는 방식이었습니다. 심지어 어떤 매매상은 강매를 위해 감금 및 협박을 하기도 하였
습니다.

    이와 같은 허위 매물로 인한 피해자가 늘어나자 경찰청은 시세보다 값이 싼 매물은 허위
매물일 가능성이 높다고 사람들에게 홍보했지만, 아직도 많은 사람이 허위 매물에 피해를
보고 있습니다.

1. 사람들은 왜 싸게 나온 매물이 허위 매물일 가능성이 있음에도 불구하고 구매
   하려고 할까요?

   _____

2. 인터넷상에서 나는 그런 경험이 있나요(중고나라에 나온 물건, 이어폰, 휴대폰)? 어
   떻게 하면 허위 매물을 구별할 수 있을지 말해 봅시다.

   _____

눈에 보이는 것 VS. 보이지 않는 것

| 열왕기상, 열왕기하, 역대상, 역대하 |

1. 하나님이 왕들을 평가할 때 가장 중요하게 여겼던 요소들은 무엇이었나요(신 17:18-19)?

   하나님이 말씀하신 이상적인 왕의 기준 중 하나는 하나님의 말씀을 묵상하고 순종하는 왕입니다.

2. 이스라엘 왕국은 왜 분열되었나요? 두 왕(솔로몬, 르호보암)의 선택을 통해 이유를 찾아 봅시다(왕상 11:9-11 ; 12:4 ;).
   • 솔로몬의 선택:
   • 르호보암의 선택:
   • 왜 이스라엘 왕국은 분열되었나요? 너의 생각은?

   솔로몬은 하나님만을 섬기라 했던 말씀에서 돌아섰습니다. 솔로몬이 자신의 길을 선택했음에도 불구하고 당장 하나님이 이스라엘을 치시지 않은 이유는 다윗과 함께한 언약 때문입니다.

3. 하나님은 여로보암에게 다윗과 같은 나라를 세울 수 있게 허락하셨습니다(왕상 11:28). 그런데 다윗과 같은 나라를 세우지 못했습니다. 여로보암이 어떤 선택을 했기 때문일까요(왕상 12:26-33)?

   열왕기상하에서 여로보암과 비슷한 왕들: 나답, 바아사, 시므리, 아합, 아하시야, 예후, 여호아하스, 요아스, 요아스 아들 여로보암, 스가랴, 므나헴, 브가히야, 베가.

4. 요시야 왕은 다른 왕과 달리 자기 생각이나 다른 사람의 말을 듣지 않고 무엇을 따라 생각했나요? 그리고 어떤 칭찬을 받았나요(왕하 22장 2; 23:3-4, 24-25)?

   요시야는 하나님의 말씀을 따르고 순종했던 왕의 모델입니다.

5. 하나님이 내 생각을 버리고 하나님 말씀에 순종하라고 하신 이유는 무엇인가요?

Today's Focus

하나님은 자신의 뜻을 내려 놓고 말씀에 순종한 왕을 통해 하나님 언약을 성취해 갔습니다.

말씀의 렌즈로 일상 돌아보기

1. 겨울이 오면 중고생들 사이에서 고가의 패딩을 선호하는 현상이 나타납니다. 왜 청소년들은 고가의 패딩을 입고 다닌다고 생각하나요? 왜 그런 것을 선호하고 이런 현상이 일어날까요?

2. 시험 기간 자료를 찾으러 간 PC방에서 내게 게임을 못한다고 놀리는 친구의 말에 화가 나서 게임을 하다 시험을 망친 적이 없나요? 그런 나의 모습을 보면 어떤 생각이 드나요?

3. 분열 왕국을 보면 요시야처럼 하나님 말씀에 순종하여 칭찬 받거나, 여로보암처럼 불순종한 왕이 있습니다. 이 둘을 볼 때 내 삶에 하나님이 원하시는 삶의 원리는 무엇일까요?

내가 하고 싶은 대로 결정했는데 손해를 본 것이 있으면 말해 봅시다. 또 친구 말을 듣고 결정을 했는데 실패한 것이 있다면 말해 봅시다. 앞에서 배운 내용을 토대로 문제가 무엇일지 말해 봅시다.

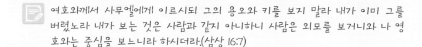

여호와께서 사무엘에게 이르시되 그의 용모와 키를 보지 말라 내가 이미 그를 버렸노라 내가 보는 것은 사람과 같지 아니하니 사람은 외모를 보거니와 나 여호와는 중심을 보느니라 하시더라.(삼상 16:7)

빛의 자녀! 말씀으로 빛나는 삶

Discernment

하나님이 원하시는 선택은 내 욕심과 생각이 아닌 하나님의 말씀에 순종하는 삶입니다. 하나님은 다른 것이 아닌 말씀을 선택하고 순종한 사람을 통해 하나님 나라를 세워가십니다.

삶이 있는 신앙

• 내 삶, 내 뜻, 내 기준을 떠나 하나님 말씀이 바탕이 되는 삶인지 생각해 봅시다.

⇒ [돌아보기]

내 생각이나 다른 사람의 말을 따라 선택한 것 기록하기

⇒ [실천하기]

Mission 1. 다른 친구들이 화장할 때 화장하지 않기

Mission 2. 친구가 예배 시간에 PC방 가자고 할 때 가지 않기

Mission 3. 다른 친구들이 욕할 때 욕하고 싶은 마음을 참고 하지 않기

• 일주일 동안 세 가지 Mission을 수행하며 느낀 점을 선생님, 친구들과 함께 나누어 보세요.

_____

_____

_____

_____

삶을 위한 말씀의 창

너는 굽게 판단하지 말며 사람을 외모로 보지 말며 또 뇌물을 받지 말라 뇌물은 지혜자의 눈을 어둡게 하고 의인의 말을 굽게 하느니라(신명기 16:19)

 ## 보이는 것보다 중요한 것

서울의 압구정역과 신사역 사이에는 유명한 거리가 있습니다. 바로 '성형외과'가 밀집된 거리입니다. 이 거리를 걷다 보면 성형수술을 하고 아직 회복하지 못해 눈과 코가 부어 있는 모습. 얼굴에 붕대를 감고 있는 모습을 쉽게 발견할 수 있습니다.

한국 사회에서는 성형이 남녀를 노소를 불구하고 유행처럼 번지고 있습니다. 한국 사회에 성형 열풍이 부는 이유는 사람들이 외모를 중요하게 생각하고, 평가의 기준으로 삼기 때문입니다. 그래서 사회 일각에서는 입시 성형. 취업 성형이라는 말이 있을 정도입니다.

그러나 한국 사회의 심각한 문제는 이와 같은 현상 이면에 있습니다. 사람들의 생각이 눈에 보이지 않는 것보다 눈에 보이는 것에만 집중하고 있다는 것입니다. 심지어 그리스도인들도 눈에 보이는 것들에만 집중하고, 말씀과 진리에 관해서 관심을 가지지 않는 모습입니다. 이 신앙은 하나님의 말씀에 집중하기 보다 사람의 말과 반응. 시각에 민감하게 반응합니다.

여러분은 무엇에 민감한 사람인가요?

또 하나 너희 서로부터 섬김을 알았나니
섬김은 누구나로 하여금 그리스도 예수 안에 있는 믿음으로 밀미암아 구원에 이르는
지혜가 있 배하느니라 모든 성경은 하나님의 감동으로 된 것으로 교훈과 책망과 바르게함과
의로 교육함에 유익하니 이는 하나님의 사람으로 온전케 하며 모든 선한 일을 행하기에
온전케 하려 함이라

6 선지자1(포로전 시대): 1대100

이번 분기는 구약개론을 진행합니다.

이번 과에서는 구약 39권 중 포로 전 선지자1(이사야, 예레미야, 호세아, 요엘, 아모스, 오바댜, 미가, 나훔, 하박국, 스바냐)를 살펴봅니다.

포로전 시대는 우상숭배로 무너져가는 이스라엘을 향해 하나님께서 끊임없이 사사들을 보내는 시기입니다. **이사야**는 유다가 포로가 될 것을 예언함과 동시에 하나님께서 그들을 은혜로 회복하실 것을, **예레미야**는 이스라엘이 바벨론 포로가 될 것과 하나님이 새 언약으로 그들을 회복할 것을, **호세아**는 영적으로 음란한 이스라엘의 회개 촉구를, **요엘**은 유다백성에게 맹렬한 메뚜기 재앙 경고를, **아모스**는 유다와 주변국에 대한 경고를, **오바댜**는 에돔에 대한 경고를, 미가는 불의한 이스라엘의 멸망과 베들레헴에서 나올 통치자에 대한 메시지를, **나훔**은 니느웨에 대한 경고를, **하박국**은 악의 본질과 그 악이 받을 형벌에 대한 하나님과의 대화를, **스바냐**는 유다가 여호와의 날에 포로로 잡힐 것이나 의로 회복 될 것임을 전파했습니다.

1 대 100

K모 방송국에서 하는 퀴즈 프로그램 중 '1대 100'이라는 프로그램이 있습니다. 이 프로그램은 1명 대 100명이 마주 보고 서로 문제를 푸는 과정을 담고 있습니다. 그런데 이 프로그램이 시청자들에게 최고의 재미를 선사해주는 것은 퀴즈를 푸는 것이 아니라 퀴즈를 푸는 과정에 1명과 100의 사람들이 다른 결정을 했을 때입니다. 일반적인 문제에서는 다수의 사람이 선택하는 내용이 결정되지만 퀴즈는 다수가 아닌 정답이 있기 때문에 소수가 다수를 이기기도 합니다.

내 생각에는…

1. 일대백과 같이 다수의 결정이 절대적이지 않은 경우들이 있다면 말해봅시다.

---

2. 학교나 가정에서 다수의 의견보다 소수의 의견이 더 좋은 선택임에도 불구하고 다수의 의견에 반대하지 못해 다수의 의견을 억지로 선택한 적이 있다면 말해봅시다.

다수의 선택 vs 진리의 선택

ㅣ 이사야, 예레미야, 호세아, 요엘, 아모스, 오바댜, 미가, 나훔, 하박국, 스바냐 ㅣ

1. 선지자는 어떤 일을 하던 사람이었나요? 이들은 누구로부터 일을 부여 받았나요(사 6:1-13, 49:19-6, 50:4-9, 암 7:10-17,)?

선지자는 하나님의 부르심을 받은 자들입니다. 그래서 하나님의 말씀을 전하고 그대로 행동했습니다.

2. 예레미야와 하나냐는 각기 다른 주장을 합니다. 누가 참 선지자였고 거짓 선지자는 어떤 결과를 맞이 합니까(렘27:1-15, 28:1-17)?

3. 성경 속에는 참 선지자와 거짓 선지자들이 많이 나옵니다. 이 둘을 구별하는 기준은 무엇이었나요(신 18:22)? 거짓 선사자들의 특징은 무엇인가요(렘 5:12-14, 11:18-23, 14:13-16, 2-:1-8, 23:9-40, 26:1-24)?

참 선지자와 거짓 선지자의 중요한 기준은 말씀입니다. 참 선지자는 하나님 말씀이. 거짓 선지자는 자신의 생각과 마음의 욕망이 기준이 됩니다.

4. 나는 다수의 선택을 따르나요? 아니면 하나님의 말씀을 선택하나요? 이 둘의 차이는 무엇인가요?

세상 사람 다수가 선택하는 것과 하나님의 말씀이 선포하는 것 중 우리는 무엇을 선택할 수 있을까요?

Today's Focus

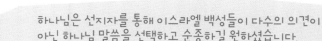
하나님은 선지자를 통해 이스라엘 백성들이 다수의 의견이 아닌 하나님 말씀을 선택하고 순종하길 원하셨습니다.

말씀의 렌즈로 일상 돌아보기

1. 학교에서 다양한 의사결정을 할 때 가장 많이 사용되는 방법이 무엇일까요? 진리의 문제를 결정할 때도 다수결의 원칙, 투표와 같은 방식으로 결정을 내릴 수 있을까요? 그 이유는 무엇인가요?

2. 친구들과 함께 식당에 가서 다른 메뉴를 골라 친구로부터 핀잔을 들은 적이 있나요? 혹은 어떤 사람이 다수와 다른 결정을 했다고 해서 핀잔을 주거나 악플을 단 적이 있나요?

3. 예레미아 선지자는 하나님의 뜻을 전했지만 사람들로부터 핍박을 받았습니다. 최근 동성애 문제는 인권 문제로 변질되어 동성애를 인정하는 사람들이 많아졌습니다. 나는 다수가 인정하는 동성애에 대해 어떻게 생각하고, 어떤 주장을 펼칠지 말해 봅시다.

학교 학급회의 시간에 보면 친한 사람의 의견에 동조해 줄 때가 많이 있습니다. 때로는 의견이 조금 부실하거나 더 좋은 대안이 있을 때도 인기가 많거나 친한 사람이 많은 사람의 의견에 동조할 때가 많이 있습니다. 결국, 좋은 결정은 다수가 좋아하는 결정 혹은 다수를 포섭할 수 있는 사람들이 좋아하는 결정이 될 때가 많이 있습니다.

• 이와 같은 상황을 보거나 동참해 본 적 있나요? 학급회의 시간에 친구들이 성경적 진리에 벗어난 행동(주일날 반 모임, 동성애를 지지하는 운동 등)을 결정할 때 그리스도인으로서 나는 어떤 행동을 해야 할까요?

 나더러 주여 주여 하는 자마다 천국에 다 들어갈 것이 아니요 다만 하늘에 계신 내 아버지의 뜻대로 행하는 자라야 들어가리라(마태복음 7:21)

빛의 자녀! 말씀으로 빛나는 삶

Discernment

그리스도인은 자신의 생각과 뜻을 중요하게 생각하고 기준으로 삼는 사람이 아닙니다. 하나님의 말씀이 기준이 되어 하나님이 원하시는 삶을 선택하는 것이 중요합니다.

삶이 있는 신앙

• 내 삶, 내 뜻, 내 기준을 떠나 하나님 말씀이 바탕이 되는 삶인지 생각해 봅시다.

⇒ [돌아보기]

나의 삶의 기준은 무엇에 두고, 무엇이 이익이 되는 선택을 하는지 생각해 봅시다.

⇒ [실천하기]

Mission 1 . 지금 나에게 필요하고 원하는 것을 적어보고, 그 반대편에 하나님이 나에게 원하시는 것, 그리고 그것을 위해 필요한 것을 적어보고 비교해 봅시다.

Mission 2 . 학교에서 모든 친구들이 하기 싫은 일 한 가지 내가 해보기

Mission 3 . 교회 예배 시간에 모두가 불편하게 생각하는 예배 대표기도 준비해서 내가 하겠다고 자원하기

• 일주일 동안 세 가지 Mission을 수행하며 느낀 점을 선생님, 친구들과 함께 나누어 보세요.

삶을 위한 말씀의 창

나의 하나님이여 내가 주의 뜻 행하기를 즐기오니 주의 법이 나의 심중에 있나이다 하였나이다(시편40:8)

다수의 의견과 소수의 의견

민주주의에 있어서 가장 대표적인 의사결정 방법은 투표일 것입니다. 그러나 대표적인 방법이지 투표가 최상의 방법은 아닙니다. 특히 진리의 문제를 다룰 때는 투표가 가지는 위험성이 존재하기 때문입니다.

그 이유는 투표라는 과정은 진리를 따지는 것이 아닌. 결정의 편리성을 위한 방법이기 때문입니다. 그래서 한 사회가 진리 가운데 거하고. 진리에 따라 움직이기 위해서는 그리스도인이 바로 서는 것이 중요합니다. 그리스도인이 진리에 따라 결정하고, 결정된 내용을 삶으로 살아갈 때 세상은 진리를 따라 걸어갈 수 있는 것입니다.

또한 우리는 다수의 의견이라 해서 무조건 받아들이고 따르기보다 성경이 바탕되는 비판적인 사고를 가지고 있어야 합니다. 다수가 결정하는 내용이 진리와 벗어 나는지 고민해 보고. 다르다면 과감히 반대를 할 수 있어야 합니다.

때로는 그 결정이 우리에게 힘들고 어려운 고난으로 다가올 때도 있습니다. 그러나 그리스도인의 바른 결정을 통해 하나님은 세상을 바꾸시고 세상을 바르게 인도해 나가십니다. 따라서 우리는 사명감을 가지고 하루를 살아내는 사람이 되어야 할 것입니다.

7. 선지자2(포로기 시대): 나를 포기하는 선택

이번 분기는 구약개론을 진행합니다.

이번 과에서는 구약 39권 중 포로기 선지자2(예레미야, 에스겔, 다니엘)를 살펴봅니다.
포로기 시대는 북 이스라엘은 앗수르에게 멸망하고, 유다는 바벨론에게 멸망하여 하나님의 말씀이 성취된 시기입니다. 이때에도 하나님은 선지자를 통해 하나님의 말씀을 전했습니다. **예레미야**는 이집트에서 제한적으로 사역을 하며, 슬픈 운명 뒤에 올 미래의 영광을, **에스겔**은 바벨론의 통치 가운데에서 진행되고 있는 하나님의 통치를 통해 유다가 회복될 것을, **다니엘**은 하나님에 대한 온전한 신뢰를 삶으로 보이며 미래에 대한 하나님의 계획을 전하는 내용입니다.

 둘 다 포기 할 수 없어요

바닷가에서 한 가족이 해수욕을 즐기고 있었습니다. 아이들은 백사장에서 아름다운 조개 껍데기를 주우며 시간을 보내고 있었습니다. 그런데 한 아이가 백사장 한 구석에 한가득 조개껍데기를 들고 어찌 해야 할지 몰라 발을 동동구르고 있었습니다. 이 모습을 보고 아빠가 아이에게 물어 보았습니다.
"왜 여기서 있니?"
"저 아래 있는 불가사리가 너무 가지고 싶어요"
"그러면 불가사리를 잡으렴"
"제 손에 조개껍데기가 많이 있어 불가사리를 잡을 수 없어요"
그 이야기를 들은 아빠는 아이에게 이야기 했습니다.
"그럼 그 조개껍데기와 불가사리중 무엇을 더 가지고 싶니?"
아이는 이야기 했습니다.
"불가사리요"
"그렇다면 그 조개껍데기를 포기하고 불가사리를 잡으렴"
그러나 이 이야기를 들은 아이는 조개를 포기하지도, 불가사리를 잡지도 못했습니다.

 내 생각에는…

1. 두 가지 다 포기하지 못하는 아이와 같은 경험이 있는지 말해봅시다?

2. 나의 삶에도 두 가지를 다 선택할 수 없어 온 어려움, 위기들이 있을 것입니다. 어떻게 해야 할지 이야기해 봅시다.

희망의 선택

| 예레미아, 에스겔, 다니엘 |

1. 왜 이스라엘 백성은 포로가 되었을까요? 에스겔 선지자는 이스라엘 역사를 통해 포로기에 접어든 이유를 어떻게 설명하나요(겔 16)?

> 에스겔 선지자가 말한 신부와 창녀의 이야기는 이스라엘 백성들이 하나님을 어떻게 배신했는지 말해주고 있습니다. 이스라엘 백성들은 하나님이 아닌 세상을 선택함으로 포로가 되었습니다.

2. 이스라엘은 잘못된 선택으로 포로가 되었습니다. 하지만 하나님은 이스라엘을 위해 무엇을 준비하셨나요(렘 23:1-8, : 33:14-16; 사 11:1)?

> 하나님은 잘못된 선택(하나님을 버린 것)을 한 이스라엘 백성들에게 포로의 삶을 살게 하십니다. 그러나 하나님은 이스라엘 백성을 버리는 것이 아닌 회복을 준비하십니다.

3. 다니엘과 같은 인물을 참고해보면 어떤 선택을 하면 백성들이 포로에서 회복할 수 있을까요(단 1:8, 사 26:3 겔 36:25-31)?

> 하나님을 버리고 세상을 선택해 포로된 백성은. 하나님을 선택하면 포로에서 회복 할 수 있습니다.

4. 잘못된 선택으로 크게 낭패를 본적이 있나요? 경험이 있다면 어떻게 극복했는지 나누어봅시다.

Today's Focus

포로 된 백성은 하나님 말씀으로 돌아가는 선택을 할 때 회복할 수 있습니다.

말씀의 렌즈로 일상 돌아보기

1. 시험 성적이 좋지 못한 친구들은 공부하는 것보다 다른 것에 시간을 보내기 때문입니다. 나는 시험 기간에 공부하지만 놀고 싶어서 안절부절 못해 본 적 있나요? 있다면 나는 무엇을 바꿔야 할까요?

2. 교회에서 신앙 생활 중 갈등이 생길 때가 있습니다. 보통 이 갈등은 신앙 생활에 만족감이 없기 때문입니다. 이때 많은 기독 청소년들은 신앙을 떠나기도 합니다. 나도 이런 경험을 해본 적이 있나요? 이럴 때는 어떻게 해야 할까요?

3. 어떤 사람은 회복이 스스로 만족감을 얻거나 혹은 자신을 찾는 것이라고 합니다. 그러나 그리스도인은 자신을 버리고 하나님을 위해 살아가는 것을 회복이라 합니다. 왜 세상 사람과 그리스도인은 생각이 다를까요? 여러분은 회복이 무엇이라 생각하나요?

- 잘못된 선택임에도 다른 사람의 시선 때문에 잘못된 선택을 합니다. 나도 그런 선택을 해본 적이 있나요? 왜 그렇게 행동할까요? 나와 비슷한 선택을 하는 사람에게 어떤 충고를 해줄 수 있을까요?

그런즉 너의 하나님께로 돌아와서 인애와 공의를 지키며 항상 너의 하나님을 바라볼지니라(호 12:6)

빛의 자녀! 말씀으로 빛나는 삶

Discernment

하나님이 내 삶에 주인 될 때, 세상의 가치(사람들의 시선, 세상의 법칙과 진리)가 아닌 하나님의 가치를 선택합니다.

삶이 있는 신앙

• 내가 원하는 일과 하나님이 원하시는 일 중 무엇이 나를 회복케 할까요?

⇒ [돌아보기]

나만을 위한 선택, 하나님을 위한 선택 중 나는 어떤 것을 선택하고 있나요?

⇒ [실천하기]

Mission 1. 하나님 말씀에 벗어난 삶의 내용 한 가지 찾고, 주님 말씀대로 살아 가기

Mission 2. 힘들어하는 친구가 회복할 수 있게 회복 프로젝트를 만들어 봅시다.

Mission 3. 교회를 떠나 있는 친구에게 하나님 복음을 전해 주고 교회로 다시 초 청하기.

• 일주일 동안 세 가지 Mission을 수행하며 느낀 점을 선생님, 친구들과 함 께 나누어 보세요.

삶을 위한 말씀의 창

그 날에 큰 나팔을 울려 불리니 앗수르 땅에서 파멸케 된 자와 애굽 땅으로 쫓 겨난 자가 돌아와서 예루살렘 성산에서 여호와께 경배하리라(이사야 27:13)

낙타, 사자, 어린아이

THUS SPAKE
ZARATHUSTRA

니체의 책 중 '자라투스트라는 이렇게 말했다'라는 책은 인간에 관한 3가지의 정신변형을 이야기합니다. 1단계는 낙타. 2단계는 사자. 3단계는 어린아이입니다.

니체의 이 3단계의 정신변형은 종교와 제도, 문화와 믿음에 대한 순종에서. 인간 자신의 의지를 발견하고. 벗어나야 한다고 이야기합니다. 니체는 하나님을 파괴하고 인간 자체의 의미를 찾아가는 것이 회복이라 생각했습니다. 즉. 하나님을 떠나 창조와 파괴를 통해. 인간이 의지를 가지는 것이 회복이라고 생각했습니다. 그러나 니체의 생각은 인간 의지의 목적과 목표를 제시할 수 없어 허무주의로 빠지고 말았습니다.

니체의 말처럼 인간은 하나님으로부터 벗어나 인간 자신의 삶을 살때 참된 삶을 살 수 있을까요? 그러나 성경은 우리에게 이야기합니다. 하나님을 벗어나 인간을 찾는 것이 아닌. 하나님 안에서 삶의 목표와 의지를 찾아야 한다고 이야기합니다.

이스라엘 백성들의 사로잡힌 삶도 이런 삶일 것입니다. 하나님을 떠난 인간의 삶을 선택했지만. 세상에 사로잡힌 삶. 결국 자신을 포로 삼는 삶일 것입니다. 그러나 하나님 앞에서 나아가 하나님을 의지하는 것은 낙타와 같이 자신의 의지를 잃는 것이 아닌 자신의 참된 의지와 목적을 찾는 참된 회복의 길입니다.

8 선지서3(포로 귀환): 선택받은 백성의 삶

이번 분기는 구약개론을 진행합니다.

이번 과에서는 구약 39권 중 포로 귀환 선지자3(에스라, 느헤미야, 에스더, 학개, 스가랴, 말라기)를 살펴봅니다.

포로 귀환 시대는 세 번에 걸친 포로귀환이 이루어지는 시기로, 성전 재건을 시작한 스룹바벨의 지도하에 진행된 첫 번째 귀환(주전 537년), 에스라의 지도하에 신앙 회복의 개혁이 진행된 두 번째 귀환(주전 458년), 52일 만에 성벽 재건을 완성한 느헤미야의 지도하에 진행된 세 번째 귀환(주전 444년)이 이루어진 시기입니다. **에스라**는 예배를 회복시키고, 성전을 재건하고, 말씀을 회복하는 내용, **느헤미야**는 그의 지도력으로 성벽이 재건되는 내용, **에스더**는 바사왕 아하수에로의 왕후 에스더가 하나님의 은혜로 백성을 구하는 내용, **학개**는 성전 재건명령과 동시에 두 번째 성전의 영광이 첫 번째 성전의 영광을 능가할 것이라는 내용, **스가랴**는 환상을 통해 계시된 메시야의 내용, **말라기**는 제사, 이혼, 십일조 등의 율법을 구체적으로 하나님께서 꾸짖으시는 내용입니다.

펜 중심으로

지하철에서 연예인 팬클럽이 자신의 연예인을 위해 광고를 게시하는 것을 볼 수 있습니다.

광고 내용은 주로 연예인의 생일, 시상축하, 기타 개인 이미지 광고로 이루어져 있습니다. 팬들은 이 광고를 통해 해당 연예인의 인지도 상승과 팬 결집을 높이고자 합니다.

이와 같은 팬들의 지지와 사랑은, 과거와 다른 팬 관리 기술을 바탕으로 하고 있습니다. 과거 연예인들은 일반적인 팬들의 사랑과 지지로 이루어 졌지만, 최근 연예인들은 해당 카페, SNS와 같은 소셜네트워크를 통해 소통하기 때문입니다. 그래서 대형 기획사는 팬과의 소통을 전문으로 하는 부서를 두고 있습니다. 결국, 과거와 달리 '연애인 중심'의 팬 문화에서 '팬 중심 문화'로 탈바꿈하고 있습니다.

내 생각에는…

1. 연애인은 사랑을 받은 만큼 기대에 부흥해야 하는 책임이 있습니다. 이 책임이 가혹하다고 생각하나요?

_____

2. 나는 자녀로, 그리스도인으로 어떤 책임이 있을까요?

_____

선택받은 백성의 새로운 삶의 원리

| 에스라, 느헤미야, 학개, 스가랴, 말라기 |

1. 바벨론 포로 생활을 마치고 귀환한 지도자들은 누구인가요? 또 그들은 귀환 후 어떤 일들을 했나요(스 1:11; 3:2; 3:8-13; 7:11-12; 7:8-10; 느 1:1 2:11;2:5-8)?

> 에스라와 느헤미야는 성전과 성벽을 전축합니다. 그리고 율법을 연구하여 준행하도록 합니다. 이 과정은 단순하게 건물을 세우고 공부를 시작하는 것이 아닌. 포로 귀환 후 이스라엘 백성들을 하나님이 중심이 되는 공동체로 삼는 것입니다. 과거의 내가 중심이었다면 하나님이 중심이 되어지는 회복으로 나아가는 것 입니다.

2. 지도자들은 포로 귀환을 한 백성들에게 어떤 일들을 했나요? 이들이 백성들과 함께 한 일들은 어떤 의미가 있나요(스 9:1-15; 느 9:138)?

> 하나님의 말씀을 가르친 것은 백성들로 하여금 포로 귀환한 새로운 백성들은 새로운 정체성을 가지고 살아갈 백성들임을 이야기 하기 위함입니다. 더불어 그들의 조상들이 실패를 교훈 삼아 바른 길로 가기 위함입니다

3. 학개 시대 성전 건축은 깊은 혼란에 빠졌습니다(학 1:1-11). 학개 선지자는 그 혼란이 무엇때문이라고 설명하고 있나요(학 1:7-9)? 그리고 이들이 말씀으로 회복 될 때 어떤 일들이 일어났나요(학 1:12-2:25)?

> 학개 선지자는 이스라엘 백성들이 포로 귀환 후 하나님을 중심으로 살지 않고. 그들의 조상처럼 나 자신을 위해 살아가서 성전 건축을 하지 못한다고 이야기 합니다. 그들이 다시 하나님 앞에 돌아 갈 때 성전 건축은 다시 시작되었습니다.

4. 하나님 때문에 자유케 된 우리는 무엇을 해야 할까요?

> 하나님은 죄에서 자유를 얻은 우리가 죄의 노예가 다시 되는 것이 아닌. 하나님을 중심으로 살아가기를 원하십니다.

Today's Focus

> 하나님께서는 포로 귀환을 통해 선택받은 백성들이 세상이 아닌 하나님께 돌아오길 원하십니다.

말씀의 렌즈로 일상 돌아보기

1. 학칙을 지키지 않아 사회 봉사를 받은 친구들은 처벌 이후, 잘못을 계속할 때가 있습니다 그 친구들은 처벌을 받았음에도 계속 잘못된 일을 반복하는 이유는 무엇일까요? 어떻게 하면 이들이 새로운 삶을 살 수 있을까요?

_____

_____

2. 나는 잘 고쳐지지 않는 습관이 있나요? 왜 습관이 잘 고쳐지지 않을까요? 우리의 삶도 하나님 말씀에 순종해야 잘 안 되는 이유는 무엇일까요?

_____

_____

3. 사람들은 스타일의 변화가 삶의 변화라 생각할 때가 많이 있습니다. 그러나 성경속 변화는 스타일 변화를 말하지 않습니다. 왜 성경속 변화는 외적인 변화가 아닌 다른 변화를 강조하는지 이야기 해봅시다.

_____

_____

_____

HOT토론

• 2017년 한국 청소년 정책연구원이 발표한 '청소년 차별 실태연구보고서'에 따르면 중학생은 외모 차별이 가장 심각하다고 합니다. 나는 외모로 친구를 차별해 본 적 있나요? 외모로 차별하는 친구에게 나는 어떤 말을 해 줄 수 있나요?

_____

_____

나는 여호와 너희 하나님이라 내가 거룩하니 너희도 몸을 구별하여 거룩하게 하고 땅에 기는바 기어다니는 것으로 인하여 스스로 더럽히지 말라(레 11:44)

빛의 자녀! 말씀으로 빛나는 삶

Discernment

선택받은 백성들은 세상 사람들과 다른 삶을 살아가야 합니다. 세상이 주인되는 삶이 아니라 나를 선택하신 하나님이 주인되는 삶을 살아가야 합니다.

삶이 있는 신앙

• 내 삶, 내 뜻, 내 기준을 떠나 하나님 말씀이 바탕이 되는 삶인지 생각해 봅시다.

⇒ [돌아보기]

나의 삶의 기준은 무엇에 두고, 무엇이 이익이 되는 선택을 하는지 생각해 봅시다.

⇒ [실천하기]

Mission 1. 지금 나에게 필요하고 원하는 것을 적어보고, 그 반대편에 하나님이 나에게 원하시는 것, 그리고 그 것을 위해 필요한 것을 적어보고 비교해 봅시다.

Mission 2. 학교에서 모든 친구들이 하기 싫은 일 한 가지 내가 해보기

Mission 3. 교회 예배 시간에 모두가 불편하게 생각하는 예배 대표기도 준비해서 내가 하겠다고 자원하기

• 일주일 동안 세 가지 Mission을 수행하며 느낀 점을 선생님, 친구들과 함께 나누어 보세요.

삶을 위한 말씀의 창

복음에는 하나님의 의가 나타나서 믿음으로 믿음에 이르게 하나니 기록된 바 오직 의인은 믿음으로 말미암아 살리라 함과 같으니라(로마서 1:17)

 ## 나의 삶의 중심은 누구?

　내 인생에서 가장 소중한 것은 무엇일까요? 이 질문에 많은 사람들이 부모님 혹은 친구들을 이야기 할 것입니다. 그러나 하나님을 가장 소중하게 생각하는 사람은 없을 것입니다.

　그 이유는 말로는 하나님이 나의 삶의 중심에 있다 이야기 하지만 나의 삶의 중심이 내 생각과 내 기준에 따라 평가되고 결정되었기 때문입니다.

　우리 삶의 중심의 문제는 결정에 있어서 더 잘 드러납니다. 우리의 결정 과정을 살펴보면 우리의 중심이 누구에게 있는지 잘 나타납니다. 여러분은 하나님이 중심에 있는 사람들인가요? 혹은 말로는 하나님을 중심에 두었다고 이야기 하면서 내가 중심에 있는 사람인가요?

9 새 언약: 언제나 동일한 선택

내가 여러서부터 성경을 알았나니
성경은 능히너로 하여금 그리스도 예수 안에 있는 믿음으로 말미암아 구원에 이르는
지혜가 있게하느니라 모든 성경은 하나님의 감동으로 된 것으로 교훈과 책망과 바르게 함
이로 교훈... 유익하니 하나님의 사람으로 온전케 하여 모든 선한 일을 행하기에
온전케 ...
...든 성경... 것으로교훈과 책망과 바르...가 ...교사...
하야하니 ... 하나님의 사람으로 온전케 하여 모든 선한 일을 행하기에
온전케 하려 함이니라

이번 분기는 구약개론을 진행합니다.
이번 과에서는 구약 39권 중 새 언약(이사야, 예레미야, 에스겔)을 살펴봅니다.
새 언약은 아담과 하와의 범죄로 인한 타락과 이스라엘 백성의 선택, 그 이스라엘의 역사가 어떻게 인류 전체로 확장되는지를 보여줍니다. 새 언약의 외형적인 모습은 바벨론 포로에서의 귀환과 예루살렘의 재건입니다. 그렇지만 이 예언은 그 이상의 의미를 함축하고 있습니다. **예레미야**는 더 이상 국가로서 존재하지 않았던 '이스라엘'을 언급함으로, 이스라엘 땅으로의 귀환을 넘어서는 의미와 성취가 있음을 내포하고, **이사야**는 그 성취자로 오실 메시야에 대한 자세한 묘사를, **에스겔**은 메시야의 사역과 마지막 날에 임할 하나님 나라에 대해 기록되어 있습니다. 이에 대해서 신약은 새 언약의 결정적 성취가 예수 그리스도 안에서 일어났다고 합니다. 이것은 구약의 하나님의 언약이 그리스도를 통해서 성취됨을 분명히 하는 것입니다.

국회의원의 공약

　선거철 후보자들은 다양한 공약을 가지고 사람들에게 자신이 적합한 인물임을 강조합니다. 그러나 정작 당선 후 임기가 마칠 때가 되면 실제로 공약을 달성하는 사람들은 많지 않습니다. 그런데 어느 누구도 잘못을 지적하거나 문제 삼는 사람은 많지 않습니다. 그래서 다음선거때 실현 가능성이 없는 선심성 공약을 가지고 선거운동을 펼칩니다.

내 생각에는…

1. 선거를 보면 여러분들은 어떤 생각이 드나요?

　　_____

　　_____

　　_____

2. 어떻게 하면 바른 선거가 이루어 질 수 있을까요?

　　_____

　　_____

　　_____

선택받은 백성들의 완성

| 이사야, 예레미야, 에스겔 |

1. 유다 백성들에게 새로운 언약이 필요한 이유는 무엇인가요? 유다가 다른 신을 따라갔다는 것은 무엇을 의미하나요(사 2:10-17, 10:33-34, 13:11, 렘 11:10)?

> 포로기의 백성들은 주님의 신실하심에 대한 소망을 가지고 살아났습니다. 그 소망이 이루어지기 위해서는 백성들의 굳은 마음과 반역의 문제를 해결할 필요가 있었다.

2. 옛 언약과 새 언약을 비교해 봅시다. 차이점은 무엇인가요(렘 31:33-34)?

> 옛 언약과 새 언약의 차이는 완료의 개념의 차이이다. 새 언약은 완료의 개념이 들어가 있다.
> 참고 창12-50장, 출1-20:2, 시32, 5)편

3. 새 언약이 가지는 특징 두 가지는 무엇인가요? 새 언약을 통해 하나님이 이루시고자 하는 것은 무엇인가요(사1:9, 6:1-12, 35:1-10, 40:1-2, 42:1-9, 49:1-13, 50:4-9, 렘 31:34, 32:14-25, 겔36:22-32)?

> 하나님은 새 언약을 통해 선택받은 백성들을 완성하시고자 합니다. 옛 언약과 같은 실패가 아닌 예수그리스도를 통해 모든 사람이 복을 받는다는 것입니다.

4. 새 언약을 통해 하나님의 선택받은 백성들의 구원 계획을 준비하십니다. 그 계획을 통해 나에게 어떤 변화들이 일어 날까요?

Today's Focus

새 언약은 옛 언약과 달리 완성의 개념이 들어간 언약입니다.
새 언약을 통해 세상에서 하나님을 위해 살아갈 수 있습니다.

말씀의 렌즈로 일상 돌아보기

1. 사람들은 신뢰가 가지 않는 사람과 약속을 하지 않습니다. 그런데 하나님은 약속을 지키지 못한 이스라엘 백성들을 위해 새 언약을 준비한 이유는 무엇일까요?

2. 만약 내가 학교에서 거짓말쟁이로 소문이 나서 아무도 내 말을 들어 주지 않는다면 어떤 기분일까요? 그런 나에게 누군가 다시 기회를 주면 어떤 기분이 들까요? 더불어 새로운 약속을 보면서 어떤 생각을 해야 할까요?

3. 하나님의 약속과 사람의 약속은 어떤 차이가 있을까요? 이 차이를 통해 우리는 하나님의 약속을 보면 어떤 생각이 드나요?

저는 중2 여학생입니다. 저는 얼마 전 학교에서 큰 잘못을 해서 많은 친구들이 피해를 보았습니다. 그런데 내가 잘못한 것을 고치고, 잘해보려고 노력하지만 힘들고 어려울 때가 있습니다. 사람들은 내 노력과 잘해보려는 마음은 모르고 내가 잘못한 것만을 가지고 이야기합니다. 나는 어떡해야 할까요?

• 여러분도 이런 경험이 있나요? 누군가가 내 아픔을 알고 끝까지 내편에서 내가 바로설 수 있도록 도와 준다면 여러분들은 어떤 생각이 드나요? 그리고 그 사람을 위해 무엇을 할 수 있나요?

  하나님이여 내 속에 정한 마음을 창조하시고 내 안에 정직한 영을 새롭게 하소서 (시편 51:10)

빛의 자녀! 말씀으로 빛나는 삶

Discernment

하나님은 배신한 백성들을 외면하시는 것이 아니라, 예수 그리스도를 통해 새 언약을 맺으시고, 선택받은 백성들이 회복할 수 있는 길을 준비하셨습니다.

삶이 있는 신앙

• 내 삶, 내 뜻, 내 기준을 떠나 하나님 말씀이 바탕이 되는 삶인지 생각해 봅시다.

⇒ [돌아보기]

나의 삶의 기준은 무엇에 두고, 무엇이 이익이 되는 선택을 하는지 생각해 봅시다.

⇒ [실천하기]

Mission 1. 지금 내가 원하는 것을 적어보고, 그 반대편에 하나님이 나에게 원하는 것을 적어보고 비교해 봅시다.

Mission 2. 학교에서 모든 친구들이 하기 싫은 일 한 가지 내가 해보기

Mission 3. 교회 예배 시간에 모두가 불편하게 생각하는 예배 대표기도 준비해서 내가 하겠다고 자원하기

• 일주일 동안 세 가지 Mission을 수행하며 느낀 점을 선생님, 친구들과 함께 나누어 보세요.

삶을 위한 말씀의 창

그러나 그 날 후에 내가 이스라엘 집과 맺을 언약은 이러하니 곧 내가 나의 법을 그들의 속에 두며 그들의 마음에 기록하여 나는 그들의 하나님이 되고 그들은 내 백성이 될 것이라 여호와의 말씀이니라 (예레미야 31:33)

우리가 믿을 수 있는 이유

양치기 소년 이야기를 잘 알고 있을 것입니다. 이 이야기의 핵심은 양치기 소년의 거짓말 입니다. 거짓말이 반복되면 사람들이 그 사람의 말을 신뢰하지 못한다는 것입니다.

만약 내가 하나님이라면 사람의 약속을 얼마나 신뢰할 수 있을까요? 아마도 전혀 신뢰 할 수 없을 것입니다. 그 말은 어떤 약속도 이어 갈 수 없다는 것입니다. 그런데 하나님은 사람과 약속을 유지하십니다. 그 약속을 유지하는 방식은 사람을 통한 유지가 아닙니다. 끊임 없는 사람의 실패에, 하나님이 직접 나서 예수님을 이 땅에 보내시고, 하나님의 약속을 지키는 대표로 부르십니다. 그리고 그 예수님을 통해 그 약속을 성취 하십니다.

사랑하는 중등부 여러분 약속을 지키기 위해 아들까지 보내신 하나님 때문에 그 약속을 믿을 수 있는 것입니다. 사람이 아닌 하나님을 믿는 사람이 되기를 바랍니다.

10 시가서: 선택, 찬양의 노래

이번 분기는 구약개론을 진행합니다.
이번 과에서는 구약 39권 중 시가서(욥기, 시편, 잠언, 전도서, 아가서)를 살펴봅니다.
시가서는 하나님을 향한 경외와 찬양, 하나님의 영광과 인생에 대해 기록하고 있습니다. 특히 인생에 관한 본질적인 고민과 어려움, 삶의 지혜들을 다루고 있습니다. 욥기를 제외하고 주로 시, 노래와 같은 형태로 되어 있습니다. **욥기**는 의로운 욥이 고난당하며 친구들과 나눈 대화와 그러한 대화를 뛰어넘은 하나님의 최종적 말씀을, **시편**은 개인적 삶이든, 공동체 삶이든 참되고 영화로운 왕이신 하나님은 모든 찬양과 기도와 감사와 신뢰를 받으시기에 합당한 분이라는 내용을, **잠언**은 인간의 삶을 위한 하나님의 지혜를, 전도서는 하나님을 경외함 없는 인생의 허무함을, **아가서**는 신부와 신랑의 친밀한 사랑으로 묘사되는 하나님 백성과 하나님의 관계를 기록하고 있습니다.

노래가 가지는 힘

40-90년대 까지 금지 곡이 있었다는 사실을 알고 있나요? 우리가 잘 알고 있는 양희은 씨의 '아침이슬'도 사실은 운동권에서 이 노래를 사용했다는 이유로 금지 곡이 되었습니다. 실제로 이곡이 금지 곡에서 풀린지는 얼마되지 않았습니다.

사람들이 왜 노래를 듣지 못하도로 금지하는 금지 곡을 만드는 이유는 무엇일까요? 노래가 단순한 멜로디만을 전달하는 것이 아니라 정신을 담고 그 가치를 전달하기 때문입니다.

우리들이 자주 듣는 K-POP도 마찬가지입니다. 무의식 적으로 따라 부르는 노래 가사 속에 그 사람이 담고 있는 정신, 가치들이 들어 있고 이 가치들은 노래를 통해 힘을 얻기 때문입니다.

내 생각에는…

1. 나에게 영향을 준 노래 혹은 시가 있나요? 왜 나에게 영향을 주었는지 말해봅시다.

_____

2. 나는 예배 시간에 불리어 지는 찬양을 들을 때 멜로디에 집중하나요 아니면 가사를 묵상하나요?

_____

세상의 지혜 vs 하나님의 지혜

| 욥기, 시편, 잠언, 전도서, 아가 |

1. 잠언은 지식의 근본이 무엇이라고 이야기 하나요? 세상의 지식과의 차이점은 무엇인 가요(잠 1:7)?

> 세상의 지식은 사변적이고 개인적인 목적을 가지고 있지만 하나님 앞에 바른 지식을 하나님을 알게하고 하나님을 경외하도록 합니다.

2. 복이 있는 사람들은 어떤 사람들인가요(시 1:1-2)? 잠언에서 말하는 지식과 시편 속 복은 어떤 공통점을 가지고 있나요?

> 지식과 복은 각기 다른 개념들이지만 둘 사이의 공통점은 세상이 아닌 하나님으로부터 시작하는 것입니다.

3. 전도자는 청년의 때에 무엇을 기억해야 한다고 하나요(전 12:1)?

> 지혜와 지식 그리고 복이 가지는 공통점은 하나님을 기억하고 경외하는 것입니다.

4. 시편, 잠언, 전도서의 저자들의 찬양에서 하나님의 참 지식이 들어 있습니다. 나의 생각, 말, 행동도 하나님의 영광이 되는 참 지식이 들어 있나요?

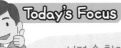

Today's Focus

성경 속 찬양은 하나님이 지식의 근본임을 이야기 하고 우리는 이 지식을 통해 바른 선택을 할 수 있습니다.

말씀의 렌즈로 일상 돌아보기

1. 찬양을 할 때, 찬양의 가사를 얼마나 많이 기억하고 있나요? 시편 찬양의 내용이 나의 삶 속에서 바른 선택을 위해 어떤 도움을 줄까요?

2. K-pop가수 혹은 힙합 가수의 노래가 내 삶에 영향을 준 적이 있나요? 시편, 잠언속 이야기와 가요 중 무엇이 나의 삶에 영향을 주었나요?

3. 하나님이 지식의 근본이라고 시편과 잠언은 이야기 합니다. 그러나 사람들은 하나님보다 사람의 능력, 사람의 지혜가 더 뛰어나다고 생각하는 사람들이 있습니다. 왜 하나님이 시편의 내용처럼 하나님이 지식의 근본이 되는 것일까요?

내가 믿고 따르는 가수를 신처럼 생각하는 중학생들이 많이 있습니다. 그들은 가수의 말 하나 하나를 중요한 삶의 격언처럼 생각하고 받아 들일 때가 많습니다.

• 자신이 좋아하는 노래속 가수의 이야기는 귀담아 들으면서 지식의 근본이 되시는 하나님의 말씀을 듣지 않고 우리의 기준으로 삼지 않는다면 무엇이라 말씀 하실까요?

 여호와 우리 하나님이여 우리를 구원하사 열방 중에서 모으시고 우리로 주의 성호를 감사하며 주의 영예를 찬양하게 하소서 (시편 106:47)

62

빛의 자녀! 말씀으로 빛나는 삶

Discernment

지식의 근본되시는 하나님의 말씀에 집중하고 그
말씀을 우리의 삶의 기준으로 삼아 나의 삶을 바른 길로
인도해야 합니다.

삶이 있는 신앙

• 지식의 근본을 찬양하는 하나님의 노래를 따라 나의 삶을 바른 길로 선택
  합시다.

  ⇒ [돌아보기]

  나의 삶의 선택의 기준이 되시는 하나님을 아는 지식이 있는지 살펴봅시다.

  ⇒ [실천하기]

  Mission 1. 가요를 듣고 외우기 보다 시편속 하나님의 말씀 암송하기

  Mission 2. 내가 좋아하는 시편을 가사로 만들어 보기

  Mission 3. 내가 만든 시편 가사를 노래로 만들어 친구에게 불러주기

• 일주일 동안 세 가지 Mission을 수행하며 느낀 점을 선생님, 친구들과 함
  께 나누어 보세요.

_____

_____

_____

_____

———— 삶을 위한 말씀의 창

여호와를 찬송하라 여호와는 선하시며 그 이름이 아름다우니 그 이름을 찬양
하라 (시편 135:3)

지식의 근본 하나님을 찬양하는 삶

칼빈은 모든 지식을 창조주 하나님을 아는 지식으로부터 출발한다고 합니다. 그 말은 지식의 모든 출처는 하나님으로부터 시작되어 지기 때문에 하나님을 아는 것이 세상에 가장 값진 지식이라는 것입니다. 그렇다면 지식의 근본이신 하나님을 찬양하는 삶은 어떤 삶일까요.

시편과 잠언 속 사람들은 어떤 삶을 살았을까요? 그들은 어떻게 하나님을 찬양했을까요?

시편과 잠언 속 사람들의 노래는 한가지의 공통점이 있습니다. 바로 삶의 경험을 통해 찬양하고 있다는 것입니다. 그들은 삶속에서 발견한 하나님의 은혜. 지식을 찬양하고 있습니다.

그렇다면 우리가 그 지식을 찬양하는 것은 어떻게 해야 할까요? 하나님의 지식을 따라 걸어가며 삶을 통해 하나님을 찬양하는 것이 필요할 것입니다.

여러분은 어떻게 하나님을 찬양하나요? 하나님의 지식을 찬양하는 삶을 살아가고 있나요?

11 특강: 구약의 이야기(선택)

구약이 담는 의미

구약 속에는 수많은 인물, 이야기, 사건들이 있습니다. 그리고 다양한 형식을 갖춘 각 권으로 구성된 책들이 있습니다. 그러므로 성경과 같이 방대한 책에서 통일성 있는 이야기를 찾아낸다는 것은 쉬운 일이 아닐 것입니다. 실제로 구약을 어떤 주제로 뽑아 설명할지는 많은 신학자 사이에 논쟁이 되는 부분입니다.

그러나 그 많은 논쟁 중에 분명한 것은 구약 속에 하나님이 사람들을 세워나가는 과정, 구원의 과정이 담겨 있다는 것입니다. 이번 중등부 공과도 선택이라는 주제를 가지고 구약을 살펴보았습니다. 선택은 구약에 있어서 중요한 내용 중 하나입니다. 이 선택은 크게 두 가지 측면에서 살펴볼 수 있을 것입니다.

첫째, 하나님 편에서의 '선택'입니다. 하나님은 그의 백성들을 선택하시고 거룩한 백성으로 인도하는 과정들이 구약 속에서는 심도 있게 다루어지고 있습니다. 특히 믿음의 조상인 아브라함과 선택받은 백성인 이스라엘에 관한 이야기가 구약에 담겨 있습니다.

창세기 속 세상은 하나님이 세상을 창조했음을 알려주고, 인간의 잘못으로 인해 세상이 파괴되었음을 이야기하고 있습니다. 죄로 물든 세상을 회복하고 바로 세우는 일은 하나님의 방법과 방식을 통해 이루어집니다. 하나님은 세상을 창조하고 인간을 청지기로 세우셨습니다. 그리고 청지기의 역할을 감당하는 인간을 통해 하나님의 창조세계를 이끌어 가십니다. 그런데 인간의 죄로 인해 창조세계도 인간과 더불어 그 본래의 모습이 파괴되었습니다. 인간의 타락이 창조세계의 타락을 초래한 것입니다. 그러므로 죄로 물든 세상을 회복시키는 프로젝트는 다름 아닌 죄 된 인간의 회복입니다. 인간의 회복은 타락 이

전으로 하나님과 교제하며 하나님의 말씀과 뜻대로 살아가는 사람입니다. 그
회복의 역사를 위해 하나님은 사람들을 선택하십니다. 그런데 그 선택의 과정
은 우리의 생각과 달리 하나님의 주권으로 이루어집니다. 그래서 구약의 선택
은 하나님의 주권으로 선택하신 백성, 그리고 그 백성의 회복을 통해 창조세
계의 회복을 다루고 있습니다.

그 다음 구약 속 선택은 인간 측면에서의 선택입니다. 우리의 삶도 그렇지
만 인간은 수많은 결정을 지금도, 앞으로도 계속 진행할 존재입니다. 즉 고
민하고 결정하는 삶이 반복된다는 것입니다. 구약 속 수많은 인물도 마찬가
지입니다. 그들은 각자의 인생과 삶을 위한 선택을 해 나갈 것입니다. 그러
나 그 선택에서 중요한 것은 그 선택 너머에 무엇이 기준으로 자리 잡고 있는
가입니다.

사람의 선택은 그냥 임의적 선택이 아닙니다. 이 말은 선택하는 인간이 자
신에게 주어진 여러 가지 선택과 결정에는 그 사람이 가지고 있는 세계관이
자리 잡고 있다는 것입니다. 그러므로 인간의 선택 너머에는 세계관을 중심으
로 편성된 복잡한 사고체계가 자리를 잡고 있다는 것입니다. 마치 간단한 기
계가 즉각적으로 움직이는 것이 간단해 보이지만 그 안에 수많은 로직과 부품
들의 움직임이 있는 것처럼 인간의 결정은 그 사람의 세계관으로부터 당연하
면서 지극히 당연하게 반응하는 체계가 있다는 것입니다.

그러므로 인간 선택 너머에 있는 인간의 세계관을 다루고 있는 이야기가 성
경입니다. 성경 속 이야기는 인간의 모든 행동과 결정 속에 숨겨져 있는 인간
의 중심사고, 세계관을 이야기하고자 합니다. 일 예로 분열왕국 시대 수많은
왕은 2가지 타입의 왕으로 분류할 수 있을 것입니다. 첫째 하나님 말씀에서
벗어난 왕, 둘째 하나님의 말씀에 순종한 왕으로 구분할 수 있을 것입니다.
그러나 그들의 선택과 결정은 다시 주권 개념으로 바꾸어 생각할 수 있을 것
입니다. 하나님이 인생의 주인 되신 삶, 인간 혹은 욕망이 주인 되는 삶으로
구분할 것입니다.

그래서 성경 속 인간의 선택은 주권적 개념의 갈등입니다. 나의 인생의 주인이 누구인가? 내가 주인인 사람은 내가 편리하고, 내가 결정하고, 내가 움직이고 싶은 대로 움직일 것입니다. 그러나 하나님이 주인 되는 삶은 내가 원하는 것이 아니라 하나님이 기뻐하는 삶, 하나님이 원하시는 삶을 선택하고 따라갈 것입니다. 그러므로 하나님 사람은 당연히 하나님이 원하시는 선택을 해야 합니다.

또한 하나님의 방법과 방식을 선택한 사람들을 하나님께서는 그의 계획과 뜻 가운데 사용하십니다. 다니엘과 같은 사람이 좋은 예입니다. 다니엘은 포로로 끌려간 백성이었지만 하나님의 선택을 받은 백성이며 무엇보다 하나님의 방식과 방법대로 뜻을 정하고, 하나님의 말씀을 기준으로 선택한 사람입니다. 다니엘과 같은 사람을 통해 하나님은 세상을 회복하십니다.

구약에서 다루어지는 선택은 하나님이 타락한 세상을 회복시키는 백성의 선택과 선택받은 백성들의 주권자이신 하나님을 위한 선택의 과정과 그 실패의 연속을 다루고 있습니다. 구약은 그 과정에서 인간의 한계를 정확하게 보여주고 있습니다. 특히 사사기와 같은 책들은 인간이 얼마나 죄 앞에서 무능력한지를 이야기해주고 있습니다. 또한, 포로 시기와 포로 후기도 마찬가지입니다. 포로 시기의 깊은 어려움 속에서 벗어난 백성들이 현실 앞에 놓여 있는 문제 앞에서 많은 실패를 경험했는지를 이야기해주고 있습니다.

그러므로 구약은 새 언약의 필요성, 세상을 변화시킬 예수그리스도의 존재로 이끌어 가고 있습니다. 구약 속 이스라엘 백성들의 역사를 통해서 예수그리스도의 필요성과 새로운 방식의 필요성을 이끌어 가고 있습니다.

결론적으로 구약은 구원을 위한 하나님의 선택과 선택받은 백성들이 어떻게 하나님의 백성으로 서고 있는지를 이야기하고 있습니다. 우리 또한 그 역사의 한 흐름 속에 서 있습니다. 매일 우리도 수많은 선택과 결정을 앞에 두고 있으며, 하나님의 선택을 받은 성도로써 하루하루 삶을 살아가도록 요구되어집니다. 우리의 삶이 성경을 통해 하나님의 언약 안에 놓이고, 특별할 것 없는 일상이 하나님의 역사와 흐름 안에 놓이는 것일 것입니다. 그 역사의 흐름 안에 우리는 순종과 하나님이 기뻐하는 선택을 하고 있는지 생각해봅시다.

토론 질문

지금까지 구약을 통해 배운 선택 중 인간 측면의 선택이 어떤 반복적인 모델이었는지 이야기해 봅시다.

1. 선택받은 백성인 우리를 하나님께서 어떻게 사용하시는지 이야기해 봅시다. 하나님의 백성으로 그의 뜻을 이루기위해 우리는 무엇을 준비하는 사람이 되어야 할까요?

2. 나의 삶이 하나님 앞에서 특별한 삶이 되기 위해 우리는 어떤 삶을 살아
   야 할지 이야기해 봅시다.

The Big
Choice

에필
로그

Epilogue

4분기 교재의 구성

3분기에서 살펴본 구약 전체의 핵심 내용에 이어 4분기에서는 신약 전체의 핵심 내용을 살펴본다. 4분기 전체를 관통하는 키워드는 3분기에 구약 전체를 관통했던 주제와 동일하다. 유년부는 구약에 이어 백성의 관점으로, 하나님의 백성 혹은 하나님의 사람이 어떤 정체성을 가져야 하는가에 집중한다. 초등부는 약속의 관점으로, 인간을 향한 하나님의 약속과 그것을 믿는 이들의 삶의 내용에 집중한다. 중등부는 선택의 관점으로, 십자가의 은혜를 주신 예수님의 선택에 반응하는 우리의 선택과 삶에 집중한다. 고등부는 길의 관점으로, 크리스천이 걸어가야 할 길의 원리와 실제 걸어가야 할 내용에 집중한다.

각 과에서 다루는 신약 성경으로, 1과는 공관복음(마태, 마가, 누가), 2과는 요한복음, 3과는 사도행전, 4과는 로마서와 갈라디아서, 5과는 목회서신(디모데 전후서, 디도서), 6과는 고린도 전후서, 데살로니가 전후서, 7과는 옥중서신(에베소서, 빌립보서, 골로새서, 빌레몬서), 8과는 일반서신1(히브리서, 야고보서, 베드로전후서), 9과는 일반서신2(요한1,2,3,서, 유다서), 10과는 요한 계시록이다.

THE BIG CHOICE

신약개관: 선택의 관점으로

1과. 공관복음: 선택, 새로운 시작 / 72

2과. 요한복음: 선택, 예수님 혜택 / 77

3과. 사도행전: 선택, 복음의 길 / 82

4과. 로마서 갈라디아서: 예수님이 주는 변화 / 87

5과. 목회서신: 경건의 기준 / 92

6과. 바울서신: 사랑 파워 / 97

7과. 옥중서신: 성장 중 / 102

8과. 일반서신1: 청결과 정결 / 107

9과. 일반서신2: 두 개의 삶 / 112

10과. 요한계시록: 선택의 마지막 결과 / 117

11과. 특강: 신약 그리스도인의 정체성 / 122

1 공관복음: 선택, 새로운 시작

이번 분기는 신약개론을 진행합니다.

이번과는 신약 27권 중 공관복음(마태, 마가, 누가)를 살펴봅니다.

- **공관 복음**은 "마태, 마가, 누가복음"을 일컫는 말로서, 이 세 복음서는 예수님의 생애와 교훈을 거의 같은 관점에서 기록했습니다.
- **마태복음**은 예수님이 왕으로 오셨다는 것을 강조하면서, 예수님이 약속된 하나님의 나라를 도래시킨다고 합니다.
- **마가복음**은 예수님이 종으로 오셨다는 것을 강조하면서, 그리스도께서 하나님 아버지께 순종하여 세상을 섬기셨음에 초점을 둡니다.
- **누가복음**은 예수님이 종으로 오셨다는 것을 강조하면서, 그리스도께서 하나님 아버지께 순종하여 세상을 섬기셨음에 초점을 둡니다.

스승과 제자

한 종합편성 채널에서 '배우 학교'라는 프로그램이 방영되었습니다. 이 프로그램은 연기자, 방송인 중 연기를 배우고 싶어 하는 사람들에게 연기 수업을 가르치는 내용입니다.

그런데 이 프로그램이 사람들에게 감동을 준 것은 연기를 가르치는 스승의 단순한 가르침이 아니라 사람의 마음을 만지고 다루는 진심에 있었습니다. 그리고 그 진심은 제자들의 태도를 변화시키고, 배우로 성장하게 했습니다. 박신양을 만난 이들은 형편 없는 연기자가 아닌 인정받는 연기자가 되었습니다.

내 생각에는…

1. 나는 어떤 스승(선생님)을 만나고 싶나요? 그 이유는 무엇일까요?

---

2. 나는 '박신양과 같은 좋은 스승을 만나면, 내 삶이 어떻게 변할까요?

제자 삼는 예수님

| 마태, 마가, 누가 |

1. 예수님이 천국 복음을 선포하시면서 가장 먼저 하신 일은 무엇인가요? 예수님은 어떻게 제자 삼으셨나요(마 4:17-20, 막 1:16-28, 눅 5:1-11, 27-39)?

   예수님이 사역을 시작하면서 제자를 선택하셨습니다. 당시 랍비들은 제자들을 찾아가 선택하는 것이 아닌, 제자가 스승을 찾아가 허락을 구해야 합니다. 그러나 예수님은 제자들을 직접 찾아가 제자 삼았습니다.

2. 예수님은 누구를 제자로 삼으셨나요(마 9:19-22, 눅 5:8, 참고 요 1:41)?

   예수님의 제자는 단순히 예수님을 따라다니는 사람이 아닙니다. 참 제자는 찾아오신 예수님을 바르게 고백하는 사람들입니다. 참된 고백을 하는 사람만이 제자가 될 수 있습니다.

3. 참 제자는 예수님의 부르심에 어떤 반응을 보여야 하나요(마 4:20, 막 1:20, 눅 5:10-11, 행 9:26-27)?

   예수님의 제자는 천국 복음의 말이 아닌 삶으로 실천하는 사람입니다. 그러므로 제자는 복음 전파의 삶을 살아가야 합니다.

4. 나는 참 제자인가요? 아니면 거짓 제자인가요?

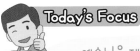

예수님은 제자를 부르시고 선택하십니다. 참 제자는 예수님의
부르심에 반응하고 행동하는 사람입니다.

말씀의 렌즈로 일상 돌아보기

1. 수학을 배우고 싶은 친구가 있습니다. 그 친구에게 EBS유명 수학 강사가 무료로 과외를 해준다고 합니다. 그 친구는 어떤 마음일까요? 그 강의를 들은 친구에 삶에 어떤 삶의 변화가 있을까요?

2. 과학선생님이 애정을 담아 수업을 했습니다. 이 수업을 들은 학생들이 시험을 못봤다면, 선생님은 어떤 마음일까요? 예수님은 우리에게 구원의 은혜를 가르쳐 주시고, 희생 하셨는데 우리가 예수님을 모른척 산다면 어떻게 생각하실까요?

3. SNS에서 많은 사람들이 의견을 주고 받습니다. 이 의견에 많은 팔로워들이 형성됩니다. 이 팔로워들은 소통만 할 뿐 아니라, 자신이 지지하는 사람의 의견에 동조하고 실천합니다. 그러면 SNS속 지식인과 팔로워들의 관계와 예수님과 제자들의 관계를 비교해봅시다.(팔로워와 대중의 의견이 다를 경우 돌아서기도 합니다. 그러나 예수님의 말씀은 진리입니다.)

독일의 한 학자가 한국 사회가 가지고 있는 한계와 발전 가능성을 책으로 출판하여 반향을 일으킨 적이 있습니다. 이 책은 한국 사회가 고속 성장 속에서도 국민의 의식이 발달하지 않는 이유를 지식과 삶이 구별 되어 있음을 언급했습니다. 구체적으로 "한국 사람들은 지적 내용과 삶이 분리되고 상황에 따라 그 기준들이 수시로 변화되는 것"이 문제라고 언급했습니다.

• 한국인의 문제를 나의 삶(가정, 학교, 교회)과 비교해 봅시다. 예수님의 말씀을 배운 기독 청소년이 이렇게 산다면 예수님이 어떻게 생각하실까요?

 이에 예수께서 제자들에게 이르시되 아무든지 나를 따라 오려거든 자기를 부인하고 자기 십자가를 지고 나를 좇을 것이니라(마 16:24)

빛의 자녀 말씀으로 빛나는 삶

 Discernment

나를 제자 삼아 주신 예수님을 만나 그 말씀을 지키면
참된 제자의 삶을 살아가고, 그 삶을 통해 하나님의
뜻이 이땅에 이루어 집니다.

삶이 있는 신앙

• 나는 예수님의 제자인지 생각해 봅시다.

⇒ [돌아보기]

삶과 신앙, 지식과 삶이 동일한 삶을 사람인지 확인해 보기

⇒ [실천하기]

Mission 1. 학교에서 친구들과 약속 꼭 지키기

Mission 2. 실천 노트 만들어서 평소 계획한 일 3개 실천해보기

Mission 3. 교회올 때 교인 아닌 사람 10명에게 밝은 모습으로 인사와 격려의 말
해주기

• 일주일 동안 세 가지 Mission을 수행하며 느낀 점을 선생님, 친구들과 함
께 나누어 보세요.

_____

_____

_____

_____

삶을 위한 말씀의 창

그러므로 너희는 가서 모든 민족을 제자로 삼아 아버지와 아들과 성령의 이름
으로 세례를 베풀고 내가 너희에게 분부한 모든 것을 가르쳐 지키게 하라 볼지
어다 내가 세상 끝날까지 너희와 항상 함께 있으리라 하시니라(마 28:19-20)

제자는 어떤 삶인가요?

예수님은 제자 삼는 일을 하셨습니다. 그 이유는 복음은 제자 삼는 것을 핵심으로 하기 때문입니다. 예수님은 열두 제자를 세워 그들을 통해 복음을 전하셨습니다. 열두 제자는 다시금 제자를 세워 복음을 전했고, 그 제자가 지금까지 내려오고 있는 것입니다.

그런데 2000년이 넘는 시간 동안 흘러오면서 바뀌지 않는 것 한가지가 있습니다. 바로 "예수님의 제자"라는 것입니다. 그 말은 제자는 예수님을 따라가는 삶이지, 유명한 사람(유명한 목사, 지식인, 구도자)을 따라가는 삶이 아닙니다.

그렇다면 예수님이 말씀 하시는 제자는 어떤 사람일까요? 바로 성경을 따라 그 말씀을 삶으로 살아가는 사람, 예수님의 가르침을 삶으로 나타내는 사람을 이야기합니다.

제자들은 그들의 삶을 통해 믿지 않는 자들이 예수님을 발견하게 합니다. 그리고 그들의 가르침을 따라 제자가 됩니다. 여러분들도 하나님의 말씀의 따라 사는 여러분의 선생님들, 부모님을 통해 제자가 되었습니다. 그러므로 우리는 또 다른 사람을 우리의 삶을 통해 제자 삼는 삶을 살아야 합니다.

2 요한복음: 선택, 예수님 혜택

이번분기는 신약개론을 진행합니다.

이번과는 신약 27권중 요한복음을 살펴봅니다.

- **요한복음**은 세베대의 아들 사도 요한이 기록했습니다. 요한복음의 대상은 주후 1세기 말에 에베소와 그 주변에 살았던 유대인과 이방인들입니다.
  요한복음은 성육하신 하나님으로서의 예수님이 약속된 메시아이자 하나님의 아들임을 선포합니다. 사람들은 예수님을 믿음으로써 영원한 생명을 가질 수 있습니다.
- **요한복음**은 머리말: 성육신하신 말씀(1:1~18), 메시아의 표적 (1:19~12:50), 고별 강화와 수난 기사(13:1-20:31) 후기 : 베드로와 예수께서 사랑하신 제자의 역할 (21:1-25)로 구성되어 있습니다.

더 좋은 혜택

인터넷에 가면 체크카드나 휴대폰 멤버십을 정리해 놓은 내용이 있습니다. 사람들은 이 정리된 내용을 보고 어디서 어떤 혜택을 받을 수 있는지 살펴보고 사용합니다.

어떤 사람들은 더 좋은 혜택을 받기 위해 멤버십이 좋은 카드회사, 통신사로 이동하기도 하고, 혜택을 편리하게 받기 위해 앱을 깔기도 합니다. 특히 사람들은 고가의 카드가 제공해 주는 혜택을 받기 위해 고가의 회원비를 내 기도합니다.

내 생각에는…

1. 나는 더 좋은 혜택을 받기 위해 인터넷을 알아보거나 혜택을 공부해본 적이 있나요?

_____

_____

2. 내가 특별히 받고 싶은 카드, 통신사 혜택이 있다면 말해봅시다.

_____

_____

_____

예수님 효과

| 요한복음 |

1. 요한복음은 예수님이 누구라고 설명하고 있나요(요 1:1-2, 18, 36, 41, 49, 3:18, 4:25, 29, 5:17-18, 25, 8:58-59,)?

   요한복음은 예수님을 다양하게 표현하고 있습니다. 하나님. 하나님의 아들. 메시아. 어린양 등 여러 가지 표현을 하고 있습니다. 이 모든 것을 정리해 본다면 하나님은 이 땅에 죄를 짊어지기 위한 하나님. 하나님 이시며 하나님의 아들임을 알 수 있습니다.

2. 하나님의 아들이 육신을 입어 이 땅에 오신 이유는 무엇인가요? 그리고 그분을 통해 어떤 변화가 일어나나요(요 1:12, 3:15, 16, 5:24, 8:24, 11:25-27, 42, 12:44)?

   하나님의 아들이신 예수님이 육신을 입으신 이유는 죄의 결과로 사망에 놓인 인간에게 영생을 주기 위함 입니다. 요한복음은 이 점에서 하나님의 아들이신 예수님과 예수님을 믿음으로 영생을 얻음을 강조하고 있습니다.

3. 메시아인 예수님을 믿음으로 구원 받은 백성들에게는 어떤 유익이 있나요(요 3:18, 36, 4:23, 5:24, 6:39-40, 10:10, 26-29, 11:25-26)?

   구원 받은 백성들은 심판이 그들에게 임하지 않고 하나님의 백성으로 살아갈 수 있는 특권이 있습니다. 이 특권은 하나님께서 책임지는 인생입니다.

4. 세상이 주는 유익과 예수님이 구원 받은 성도들에게 주시는 유익 중 무엇이 나에게 더 유익이 될지 이야기 해봅시다.

Today's Focus

하나님의 아들인 예수님을 믿을 때 구원이 주어집니다.
구원받은 백성들에게는 구원이 주는 유익이 있습니다.

말씀의 렌즈로 일상 돌아보기

1. 놀이공원의 자유이용권을 할인 받는 다양한 방법들이 인터넷에 올라와 있습니다. 그런 경험이 있다면 말해봅시다. 더불어 예수님의 구원이 주는 유익을 받기 위해 나는 어떤 노력을 했나요?

2. 지금까지 내가 받아 본 혜택 중 가장 큰 것은 무엇인가요? 그 혜택과 예수님이 주신 구원의 혜택과 비교해 봅시다.

3. 요즘 외곽에 있는 아울렛이 도심에 있는 백화점보다 사람들에게 더 많은 인기를 누립니다. 그 이유는 아울렛이 가격 경쟁력을 가지고 있기 때문입니다. 그러다보니 사람들이 먼 길을 마다하지 않고 아울렛으로 갑니다. 그리스도인이 드리는 예배는 아울렛이 주는 혜택과 비할 수가 없습니다. 그런데 예배에 늦고 대충드리는 친구가 있다면, 그는 예배를 어떻게 생각한다고 볼 수 있을까요?

세상은 혜택을 주기 위해서 조건이 필요합니다. 예로 통신사 카드의 VIP 고객이 되어 혜택을 누리기 위해서는 1년간 150만 원이 넘는 요금을 써야 합니다. 또 카드사의 최고급 카드 혜택을 누리기 위해서는 매월 1000만 원 이상의 실적이 있어야 합니다. 그래서 사람들은 이 혜택을 계급화하기도 합니다.

• 세상의 혜택을 더 누리기 위해서는 더 어려운 조건을 충족해야 합니다. 그런데 예수님이 주는 혜택은 세상이 줄 수 없는 혜택임에도 불구하고 조건은 언제나 같습니다. 그런데 통신사 카드나 카드회사처럼 구원을 계급으로 나눈다면 나는 어디쯤 속해 있을까요? (VIP, GOLD, SILVER, 등)

 진리를 따르는 자는 빛으로 오나니 이는 그 행위가 하나님 안에서 행한 것임을 나타내려 함이라 하시니라(요 3:21)

빛의 자녀! 말씀으로 빛나는 삶

Discernment

세상이 주는 혜택은 영원한 것이 아닙니다. 그러나 예수 그리스도를 통해 주어진 혜택은 우리에게 영원한 생명을 줍니다. 그래서 오직 예수 그리스도만을 따라 살아야 합니다.

삶이 있는 신앙

• 세상이 줄 수 없는 혜택을 주시는 예수 그리스도를 따라 살아갑시다.

⇒ [돌아보기]

구원의 혜택과 세상의 혜택 중 무엇을 더 중요하게 생각하는지 돌아봅시다.

⇒ [실천하기]

Mission 1. 예수님을 만나면 좋은 점들을 친구들 사이에 입소문 내봅시다

Mission 2. 구원 받은 자의 최고의 혜택 예배 온전히 누리기! 예배 시간에 휴대폰 하지 않고, 찬양시간에 찬양 따라부르고, 설교시간에 집중하기

Mission 3. 예수님을 만난 기쁨과 감사 친구5명에게 전하기.

• 일주일 동안 세 가지 Mission을 수행하며 느낀 점을 선생님, 친구들과 함께 나누어 보세요.

_____

_____

_____

삶을 위한 말씀의 창

누구든지 자기 목숨을 구원하고자 하면 잃을 것이요 누구든지 나와 복음을 위하여 자기 목숨을 잃으면 구원하리라(막 8:35)
사람이 만일 온 천하를 얻고도 자기 목숨을 잃으면 무엇이 유익하리요(막 8:36)

진짜 혜택

광고를 보면 혜택과 관련된 내용이 많이 있습니다. 그런한 광고들 보고 있으면 일상 속에서 놓친 그리고 앞으로도 놓칠 혜택들이 많이 있습니다. 그런데 그 광고 이면을 살펴보면 혜택에 가려진 조건들이 존재합니다. 그래서 혜택은 공짜가 아닌 소비자가 지금하는 댓가에 다 포함된 경우가 많이 있습니다.

그러므로 사람들은 이 혜택을 비교해서 동일 조건에 가장 많이 주는 곳을 찾습니다. 그리고 혜택을 주는 곳도 자신의 이익을 극대화하기 위해 혜택을 멋지게 포장하기도 합니다. 이렇게 세상이 주는 혜택들 사이에는 긴장이 존재합니다.

그러나 예수님 주는 혜택은 다릅니다. 그 이유는 예수님이 주는 혜택은 철저하게 사람을 위한 혜택이기 따름입니다. 예수님이 죄로 물든 세상을 회복시키고 사람에게 구원의 길을 열어 주신 것은 이들이 하나님의 말씀을 대로 살아가고, 하나님과 교제하기를 원하셨기 때문입니다. 그 이유는 하나님과 동행하는 구원자의 삶은 그리스도인이 상상할 수 없는 유익이 있기 때문입니다. 그 유익은 바로 평안과 형통입니다. 그리스도인의 삶을 하나님께서 책임지기 때문에 그리스도인은 삶에 평안과 형통이 이루어 질 수 있습니다.

하나님께로부터 오는 평안과 형통은 결코 세상이 줄 수 없는 것입니다. 세상의 혜택은 다른 것을 주기 위한, 돈을 벌기 위한 수단이지만 예수님이 주시는 혜택은 결과이기 때문입니다.

3 사도행전: 선택, 복음의 길

이번분기는 신약개론을 진행합니다.

이번 과는 신약 27권 중 사도행전을 살펴봅니다.

- **사도행전**은 초대교회의 역사입니다. 오순절 성령 강림으로 제자들이 힘을 얻어서 유대인과 이방인들에게 복음을 전하고, 그 과정에서 교회가 세워집니다. 이방인의 사도인 사도 바울을 통해서 복음이 힘 있게 증거되고 마침내 로마에 까지 이르게 됩니다.
- **사도행전의 주요 구조**는 복음 증거를 위한 준비(1:1-2:13), 예루살렘에서의 복음 증거(2:14-41), 예루살렘 밖에서의 복음 증거(6:1-12:25), 구브로와 갈라디아 남부에서의 복음 증거(13:1-14:28), 예루살렘 공의회(15:1-35), 그리스도에서의 복음전도(15:36-18:22), 에베소에서의 전도(18:23-21:16), 예루살렘에서의 체포(21:17-23:35), 가이사랴에서의 복음 증거(24:1-26:32), 로마에서의 전도(27:1-28:31)로 구성되었습니다.

복음 전파란 무엇일까요?

몇 년 전 한 회사의 광고가 이슈가 된 적이 있습니다. 이 광고는 번화가에 젊고 아름다운 여자가 옷을 찢고, 벗는 퍼포먼스 장면이 들어가 있습니다. 이 광고를 보고 사람들은 회사 제품을 홍보하기 위해 무리한 설정을 했다고 비난하기도 했지만 결국 이 회사는 높은 인지도를 얻게 되었습니다.

사람들은 이 회사의 무리한 마케팅처럼 기독교의 전도를 보고 다양한 의견들을 제시합니다. 어떤 사람은 신앙을 강요하고 민폐라고 이야기를 합니다. 실제로 명동과 같은 번화가에서 그렇게 전도를 하는 사람들을 쉽게 볼 수 있습니다.

내 생각에는…

1. 위 와 같은 광고, 혹은 전도의 모습을 본적이 있나요? 보면서 어떤 생각이 들었나요?

_____

_____

2. 번화가에서 전도를 해야 한다면 할 수 있을까요? 없다면 그 이유는 무엇인가요?

_____

_____

_____

복음 로드

| 사도행전 |

1. 예수님이 승천 하면서 제자들에게 남긴 말씀은 무엇인가요(행 1:8)?

   예수님은 승천 하면서 제자들에게 예수님의 증인이 되는 삶을 선택하라고 하셨습니다.

2. 베드로와 요한이 기적을 행한 후 사람들의 존중과 추앙을 받을 수 있음에도 사람들의 주목을 다른 곳으로 옮긴 이유는 무엇인가요(행 3:1-26)?

   기적의 목적이 다른 것에 있는 것이 아닌 복음 전파에 있음을 알고 이 일에 집중했습니다.

3. 사도들은 일곱 집사를 세워 다른 일이 아닌 기도와 말씀 사역에 집중하도록 하였을까요(행 6:2-3)? 하나님은 왜 베드로에게 부정한 짐승을 먹으라고 하셨을까요(행 10:10-19)?

   하나님은 복음이 전해 지는 것에 있어서 다른 것들 보다 중요하게 생각했습니다.

4. 하나님께서 나의 삶속에 가장 중요하게 생각하는 것은 무엇일까요? 그리고 그 삶은 어떤 삶일까요?

   하나님이 나에게 원하시는 것은 나의 삶을 통해 복음이 전파되는 것입니다. 이 일은 그저 복음을 입으로 전하는 삶을 말하는 것이 아닌 인생과 삶의 방향성이 복음에 맞추어 다른 것을 포기 할 수 있는 사람이 되어야 합니다.

Today's Focus

그리스도인은 다른 것이 아닌 복음에 초점을 맞추는 사람이 되어야 합니다.

말씀의 렌즈로 일상 돌아보기

1. 매년 교회는 전도축제와 선교에 많은 돈을 사용하는데 왜 그렇게 할까요? 실제로 복음을 전하면 친구들이 싫어하는데 그들에게 굳이 복음을 전해야 할까요? 전한다면 어떻게 전해야 할까요?

2. 내가 단체를 통해 해외 아동을 후원했는데 이 돈을 다른 곳에 사용한다면 어떤 생각이 드나요? 하나님이 복음을 전하라고 우리에게 능력을 주셨는데 나만을 위해 사용하면 하나님이 어떻게 생각하실까요?

3. 교회가 복음전파 보다 사회 봉사와 구제에 더 집중해야 한다고 생각하는 사람들이 있습니다. 그 사람들에게 복음 전파의 중요성을 어떻게 설명할 수 있을까요? 또한 그들의 말처럼 사회 봉사와 구제도 어떻게 해야 하는지 말해 봅시다.

전도를 하는 사람들 중에 다른 사람을 무시하고 전도하는 사람들이 있습니다. 이들은 다른 사람들이 어떻게 생각하건 상관 없이 무례하게 복음을 전합니다. 그 사람들을 보고 어떤 사람은 순수한 복음 전파자다, 어떤 사람은 복음 전파를 방해하는 사람이다, 이야기 합니다.

• 여러분들은 이런 사람을 보면 어떤 생각이 드나요? 우리가 복음 전파하는 삶은 어떤 삶인지 이야기 해봅시다. 뱀처럼 지혜롭고 비둘기처럼 순결한 방법이 무엇일까요?

 보라 내가 너희를 보냄이 양을 이리 가운데 보냄과 같도다 그러므로 너희는 뱀 같이 지혜롭고 비둘기 같이 순결하라(마 10:16)

빛의 자녀! 말씀으로 빛나는 삶

Discernment

그리스도인의 복음 전파는 입으로만 전하는 것이 아니라 복음을 위해 삶을 포기 하는 사람입니다. 우리도 복음이 전파되는 일을 위해 나의 소중한 것을 양보하고 포기할 수 있어야 합니다.

삶이 있는 신앙

• 복음이 살아 있고 전파되는 삶인지 생각해 봅시다.

⇒ [돌아보기]
  복음을 위해 내가 부끄러워도 감수하는 삶인지 생각해 봅시다.

⇒ [실천하기]
  Mission 1. 복음 대상자를 위해 내꺼 하나양보해 보기
  Mission 2. 복음 전하는 자가 되기 위해 말씀 한가지씩 지키고 실천하기
  Mission 3. 성경 편지를 적어 친구를 격려하고 용기주는 편지 적어보기

• 일주일 동안 세 가지 Mission을 수행하며 느낀 점을 선생님, 친구들과 함께 나누어 보세요.

_____

_____

_____

삶을 위한 말씀의 창

오직 성령이 너희에게 임하시면 너희가 권능을 받고 예루살렘과 온 유대와 사마리아와 땅 끝까지 이르러 내 증인이 되리라 하시니라(행 1:8)

하나님의 복음전파

금세기 초 온 세계에 영향을 미친 웨일즈 부흥 운동은 웨일즈의 한 작은 마을에서 발단되었습니다. 연합 집회에 참석한 어떤 소녀가 그 모임이 한창 진행되는 도중에 벌떡 일어났습니다. 평소 그녀는 말이 없고 소심하며 민감한 성격을 지닌 소녀였습니다. 따라서 그녀는 일어나긴 일어났지만 '오. 나는 주님을 사랑합니다.'라고 짧게 한 마디 하더니 곧 제자리에 앉고 말았습니다. 그러나 그녀의 진지한 고백을 통해 주님은 자신의 뜻을 펼칠 기회로 삼으셨습니다. 그녀의 짧은 고백이 흡사 오순절의 역사처럼 그곳에 모인 사람들에게 영적인 부흥의 불꽃을 일으켰고, 온 세계에까지 미친 것입니다.

우리는 복음 전도가 마치 많은 자본과 노력을 가지고 전달하는 것이 복음의 효과적인 전도라고 생각하지만 하나님이 원하시는 복음 전도는 진실된 마음으로 복음을 믿는 믿음으로 나아가는 것을 진실된 복음 전도라고 생각합니다. 그래서 우리도 복음을 전할 때 진실된 마음과 믿음으로 나아가야 합니다.

또 네가 어려서부터 성경을 알았나니
성경은 능히 너로 하여금 그리스도 예수 안에 있는 믿음으로 말미암아 구원에 이르는
지혜가 있게 하느니라. 모든 성경은 하나님의 감동으로 된 것으로 교훈과 책망과 바르게 함과
의로 교육하기에 유익하니 이는 하나님의 사람으로 온전케 하며 모든 선한 일을 행하기에
온전케 하려 함이니라.

4 로마서 갈라디아서: 예수님이 주는 변화

모든 성경은
유식하니 이는
2전케 하려 함이니라.
선으로 교훈과 책망과 바르게 함과 의로 교육하기에
의 사람으로 온전케 하며 모든 선한 일을 행하기에

이번분기는 신약의 핵심으로 살펴봅니다.

이번 과는 신약 27권 중 로마서와 갈라디아서를 살펴봅니다.

- **로마서와 갈라디아서**는 복음의 진수를 담고 있습니다. 특별히 믿음으로 의롭게 된다는 칭의가 잘 드러납니다.
- **로마서**의 주제는 예수 그리스도의 복음 안에 있는 하나님의 심판과 구원의 의에 대한 계시입니다. 그리스도의 십자가 안에서 하나님은 죄를 심판하십니다. 동시에 당신의 구원의 자비를 나타내십니다.
- **갈라디아서**는 그리스도의 죽음으로 새 언약 시대가 왔음을 선포합니다. 새 언약의 백성은 몽학선생인 율법의 외적 의식을 따를 필요가 없습니다. 갈라디아서의 핵심은 율법에 대한 순종이 아닌 오직 믿음으로 말미암는 칭의입니다.

성형=새 삶의 지름길?

티비를 보면 성형후 긍정적으로 변화하는 모습을 볼 수 있습니다. 특히 모 케이블 티비를 보면 성형으로 사람들의 삶이 변하는 것을 볼 수 있습니다. 청소년들은 성형을 하면 인생이 변할 꺼라고 생각합니다. 그래서 청소년들은 어린 시절 부터 성형을 원합니다.

내 생각에는…

1. 인터넷과 방송에서 성형을 한 사람들의 이야기를 들으면 어떤 생각이 나는지 말해봅시다.

_____

_____

_____

2. 나는 성형이 내 인생을 변화 시킬 수 있다고 생각하나요? 그렇게 생각하는 이유는 무엇인가요?

_____

_____

_____

의인은 누구인가요?

▮ **로마서, 갈라디아서** ▮

1. 성경은 인간의 본성에 대해 어떻게 설명하고 있나요(롬 1:18-3:20, 5:12-19)?

 성경은 인간 본성에 대해 원죄(아담과 하와의 죄)가진 죄인이라 규정합니다. 죄성이 있는 인간은 구원을 받아야 할 필요가 있다고 성경은 이야기 합니다.

2. 하나님은 죄인을 위한 어떤 계획을 가지고 있나요? 그 계획을 통해 하나님은 인간에게 어떤 삶을 허락하시나요(롬 2:25-29, 3:21-26, 4:23-25, 5:12-19, 6:1-10, 7:1-6, 8:1-4 갈 1:4, 2:20)?

 하나님은 죄로 물든 인간을 향해 구원의 계획을 세우시고, 예수그리스도를 통해 구원의 계획을 이루십니다.

3. 죄에서 벗어난 그리스도인은 어떤 삶을 살아가야 하나요(롬 12:1-13:14, 갈 1:10, 5:1 6:12, 14)?

 예수 그리스도를 만난 그리스도인은 그리스도가 보기에 합당한 삶, 거룩한 삶을 살아야 합니다.

4. 예수님을 인격적으로 만난적이 있나요? 예수님을 만나면 내 삶에 무엇이 변화되기를 원하나요?

인간은 예수그리스도를 통해 죄인에서 하나님의 영광을 나타내는 새 삶을 살아갈 수 있습니다.

말씀의 렌즈로 일상 돌아보기

1. 최근 한 교복브랜드에서 발표한 '청소년 화장에 관한 실태연구보서'에 따르면 십대들이 성적보다 외모를 더 중요하게 생각하는 연구 결과가 나왔습니다. 많은 십대들이 화장을 통해 삶이 변할 수 있다고 생각한다고 합니다. 화장으로 인생이 변하는 것과 예수님을 만나 인생이 변하는 것은 어떤 차이가 있나요?

2. 중학생들 사이에 특정 아이템(패딩점퍼, 가방, 브랜드 신발, 휴대폰)으로 계급화 하는 현상이 있습니다. 그래서 특정 아이템을 가지면 자신의 가치가 높아질꺼라 생각합니다. 이 모습을 보고 예수님은 이 친구들에게 어떤 말씀을 해주실까요? 아이템들로 내가 멋진 사람이 될 수 있을까요?

3. 드라마를 보면, 여자들이 남자와 이별 후에 머리를 자르거나 물건을 사거나, 옷을 바꾸는 등 새로운 변화를 시도합니다. 그 이유는 삶에 억지로라도 변화를 주면 행복할 수 있다고 생각하기 때문입니다. 이들의 생각처럼 삶에 물리적으로 변화를 주면 내면에 변화가 있다고 생각합니까? 그렇다면 죄인이 선한 삶을 산다고 참된 변화를 경험할 수 있을까요? 없다면 그 이유는 무엇인가요?

페션의 완성은 얼굴이라고 합니다. 얼굴이 잘생기면 어떤 옷을 입어도 멋진 옷이 된다는 의미입니다. 반대로 얼굴이 못생긴 사람은 아무리 멋진 옷과 코디를 하더라도 얼굴이 못생기면 멋져 보이지 않는다고 합니다. 그래서 얼굴이 못생기면 아무리 노력해도 멋진 패션 피플이 될 수 없다고 합니다.

• 외모 변화는 한계가 있습니다. 그러나 예수님을 만나 그리스도인이 되어 오는 변화는 외형적인 변화와 달리 내면과 외면 모두를 바꿉니다. 예수님을 만나 우리의 생각과 시각이 변하면 어떤 일들이 일어날지 말해봅시다. 외모도 긍정적인 변화가 생기는데 어떤 것들일까요?

 복음에는 하나님의 의가 나타나서 믿음으로 믿음에 이르게 하나니 기록된 바 오직 의인은 믿음으로 말미암아 살리라 함과 같으니라(로마서 1:17)

빛의 자녀! 말씀으로 빛나는 삶

Discernment

죄인이 예수 그리스도를 만나면 하나님의 백성이 될 수 있는 변화를 경험할 수 있습니다. 그 변화는 세상의 물질, 성형, 미용들이 줄 수 없는 변화로 죄인이 하나님의 영광을 위해 살아갈 수 있도록 하는 것입니다.

삶이 있는 신앙

• 예수님을 만나 변화된 거룩한 삶을 살아봅시다.

⇒ [돌아보기]

예수님을 만나 내 삶에 구체적인 변화들이 있는지 둘러봅시다.

⇒ [실천하기]

Mission 1. 은혜 일기장에 예수님을 만나 내 삶에 변한 점을 3가지 적어 봅시다.

Mission 2. 예수님을 만나 삶이 변한 SNS스타를 찾아보고 친구들에게 나누어 봅시다.

Mission 3. 교회 반별로 그리스도 성장 발표회 가지기(내가 예수님을 만나 변화된 것 기록해서 나누기)

• 일주일 동안 세 가지 Mission을 수행하며 느낀 점을 선생님, 친구들과 함께 나누어 보세요.

삶을 위한 말씀의 창

사람이 의롭게 되는 것은 율법의 행위로 말미암음이 아니요 오직 예수 그리스도를 믿음으로 말미암는 줄 알므로 우리도 그리스도 예수를 믿나니 이는 우리가 율법의 행위로써가 아니고 그리스도를 믿음으로써 의롭다 함을 얻으려 함이라 율법의 행위로써는 의롭다 함을 얻을 육체가 없느니라(갈 2:16)

다른 길이 아닌 오직 한 가지 길

현대는 포스트모던 사회라고 이야기 합니다. 포스트모던 사회의 특징은 거대 담론이 사라지고, 다양한 이야기들이 인정되는 사회입니다. 그래서 포스트모던 사회에서는 하나의 진리를 주장하는 것이 독선적이고 다양한 진리를 인정하는 것이 미덕이라 생각합니다.

그러나 성경은 하나님의 말씀(성경)만이 진리라고 말합니다. 성경은 창조주 하나님과 하나님의 역사와 계시를 다루고 있고, 이 말씀은 인간의 삶과 창조세계, 그리고 구원과 미래에 대해서 이야기 합니다.

하지만 일부의 사람들은 이 성경도 다양한 생각 중 하나라고 주장합니다. 이 말을 다르게 표현하면 성경의 진리와 다른 종교의 진리, 사람의 주장과 이론이 동일한 종점을 가지고, 각기 다른 길을 나타낸 다고 생각하기 때문입니다. 그래서 다양한 종교와 연합을 추구하는 집단도 존재합니다.

하지만 성경은 과거에도 오늘날에도 변함없이 하나님의 말씀을 진리로 전하고 있습니다. 그렇기 때문에 우리는 전적으로 하나님 말씀이 지지하는 길 만을 걸어가야 합니다. 이 말은 다른 것들이 혼합된 것은 하나님의 길과 방법이 아니라는 것입니다. 하나님의 말씀, 복음은 진공상태와도 같습니다. 공기가 단 0.0001%만 있어도 우리는 진공 상태라고 말하지 않습니다. 믿음도 진리도 마찬가지입니다.

세상은 지금도 우리의 믿음을 붕괴시키려 합니다. 그 방법은 과거와 달리 전혀 다른 적수를 만드는 것이 아닙니다. 그저 우리의 경계선들을 모호하게 만드는 것입니다. 세상의 다른 길이 성경속 길과 유사하도록 보이는 것입니다.

우리는 이 점을 조심해야 합니다. 그리고 우리의 눈이 성경의 안경을 통해 세상을 볼 수 있도록 해야 합니다.

5 목회서신: 경건의 기준

> 이번분기는 신약개론을 진행합니다.
>
> **이번 과는 신약 27권 중 목회서신(디모데전후서 및 디도서)을 살펴봅니다.**
> - **목회서신**은 사도 바울이 디모데와 디도에게 교회를 지도하고 다스리는데 요구되는, 목회 지침을 주기 위해 기록한 서신들입니다. 목회서신의 중심 내용은 이단을 조심하고 배격하여 교회의 순수성을 잘 보존하라는 가르침과 교회의 조직과 직분에 대한 사명, 그리고 교회 구성원들에 대한 교훈을 담고 있습니다.
> - **디모데전서**는 복음이 믿는 이들의 삶 속에 가시적인 변화를 가져온다는 것을 강조합니다.
> - **디모데후서**는 신앙생활에 고난이 따를 것을 말하면서, 그때 복음 안에서 인내하고, 세상에 담대하라고 합니다. 바울은 자신의 마지막 서신인 디모데후서에서 자신의 후계자요 젊은 동역자인 디모데에게 믿음의 싸움을 양보하지 말 것을 당부합니다.
> - **디도서**는 성도들이 삶의 현장에서 그리스도인 답게 사는 선한 행위가 구원의 열매임을 말합니다.

 ## 젠틀한 그리스도인, 경건한 그리스도인

우리 교회 김 집사님은 신사적인 집사님으로 유명합니다. 언제나 깔끔하고 정갈한 옷과 예의 바른 모습으로 교인들에게 인기가 많습니다. 어느날 교회에서 교인들과 함께 수련회를 떠났습니다. 김 집사님은 그곳에서 열심히 봉사했습니다. 다른 집사님들과 함께 열심히 봉사 후 저녁 늦은 시간 돌아왔습니다. 저녁 봉사 후 사람들을 모두 모여 저녁 간식을 나누었습니다. 그런데 많은 간식은 모두 사라지고 옥수수 한개만 남았습니다. 배가 고픈 사람들이 모두 다 마지막 옥수수를 먹고 싶어 했지만 선뜻 나서지 못했습니다.

그 때 아이 한 명이 옥수수를 먹기 위해 걸어 나오자 대다수의 사람은 어린아이에게 양보할 마음을 먹었습니다. 그런데 갑자기 이 모습을 지켜보던 김 집사님이 갑자기 옥수수를 입에 물었습니다. 그러고 나서 사람들에게 오늘 봉사를 오래 해서 배가 고파서 이 옥수수는 양보 할 수 없다고 이야기 했습니다.

 ## 내 생각에는…

1. 젠틀한 그리스도인으로 유명한 김집사님의 모습을 보고 어떤 생각이 들었나요?

_____

2. 혹시 주변에 이런 사람들을 본적이 있다면 말해봅시다(학교 친구/부모님).

_____

경건한 삶-말씀과 삶이 일치되는 것

| 디모데전서, 디모데후서, 디도서 |

1. 진리 가운데 경건하게 살아가는 그리스도인은 어떤 삶을 살아가는 사람인가요(딤전 2:2; 3:16; 4:7,8; 6:3,5, 6, 11, 딤후 1:9-11, 2:8-10 딛 1:1, 2:1, 11-14, 3:4-7)?

> 성경 속 경건은 다양한 것을 말하지만 몇 가지로 축약할 수 있습니다. 1) 하나님에 대한 존경. 태도 2) 하나님과 사람을 모두 기쁘게 하는 행동 3) 창조질서에 주의를 기울이는 믿음과 행동 4) 하나님의 뜻을 아는 지식과 개인의 지식이 일치를 말하고 있습니다.

2. 경건한 그리스도인이 세상과 다른 점은 무엇인가요(딛 1:1-2, 딤전 4:3, 딤후 2:25, 3:7)?

> 경건은 진리의 지식으로부터 시작합니다. 진리의 지식은 그리스도를 아는 지식으로부터 시작합니다. 그리스도를 아는 지식이 경건의 기준입니다.

3. 구원 받은 백성은 이 땅을 살아가면서 어떻게 살아가야 한다고 이야기 하고 있나요(딛 2:11-14)?

> 경건의 모양은 있으나 경건의 능력은 부인하니 이 같은 자들에게서 네가 돌아서라(딤후 3:6) 하나님의 백성들은 이 땅에서 경건한 삶을 살아야 한다고 이야기 합니다.

4. 그리스도를 아는 지식이 어떻게 우리를 경건하게 살도록 할까요? 성경 말씀을 아는 것과 삶으로 살아내는 것에는 어떤 연결고리가 있을까요?

Today's Focus

경건은 그리스도의 진리(말씀)가 기준이 되어 말씀대로 생각하고 행동하는 것입니다.

말씀의 렌즈로 일상 돌아보기

1. Youtube와 같은 영상공유 사이트에 가면 댄스 가수들의 춤을 배울 수 있는 영상들이 많이 있습니다. 그런데 영상들의 춤 동작이 다르기도 합니다. 영상 속 춤 동작이 다를 때 무엇을 참고해야 하나요? 왜 그렇게 생각하는지 말해봅시다.

2. 인터넷 뉴스에 청소년 범죄에 관한 기사가 많이 있습니다. 그런데 많은 청소년들이 범죄 후 잘못한 것이 없다고 생각합니다. 아이들이 그렇게 생각하는 이유는 무엇인가요? 나도 이들의 생각에 동의 하나요?

3. 친구들 사이에 착한 척 하는 친구들이 있습니다. 이 친구들은 학교 다수의 친구들, 선생님, 어른들에게 착한 척을 합니다. 그 이유는 자신을 인정해 줄 수 있는 사람에게 착한 척을 하면 자신을 착한 사람으로 규정하기 때문입니다. 그렇다면 착한 척 하는 것과 하나님의 말씀을 기준으로 경건한 그리스도인으로 사는 것은 어떤 차이가 있나요? 이 내용을 바탕으로 내 삶을 이야기 해봅시다.

욱해서 친구들과 싸우는 경우들이 많이 있습니다. 또 아무리 자신의 생각이 틀려도 기분이 나쁘면 인정하지 않는 친구들이 많이 있습니다. 그 이유는 청소년들이 다른 사람을 생각하기보다 자신의 기분, 감정을 기준삼아 행동하기 때문입니다. 그래서 이 친구들은 자신이 잘못한 것이 없다고 생각할 때가 많이 있습니다.

- 대한민국에 사는 모든 사람들이 자신의 감정과 기분에 따라 살아가면 어떤 일이 벌어질지 이야기 해봅시다. 주변에 이와같은 예가 있는지 말해 보고 경건한 기독청소년이라면 어떻게 해야 할지 말해봅시다.

 육체의 연습은 약간의 유익이 있으나 경건은 범사에 유익하니 금생과 내생에 약속이 있느니라(딤전 4:8)

빛의 자녀! 말씀으로 빛나는 삶

Discernment

경건이란 말씀대로 말하고 말씀대로 행동하는 것입니다. 이 둘이 동일하지 못한 삶은 경건한 삶이라 말할 수 없습니다. 그래서 경건한 기독청소년이 되기 위해서는 말씀, 말, 생각, 행동이 동일한 삶을 살아야 합니다.

삶이 있는 신앙

• 경건한 그리스도인이란 무엇인지 생각해 봅시다.

⇒ [돌아보기]

하나님의 말씀과 내 생각이 동일하고 행동이 동일한 경건한 그리스도인인지 생각해 봅시다.

⇒ [실천하기]

Mission 1. 학교에서 잘못된 친구, 친구들 말에 동조하지 않기

Mission 2. 경건한 삶을 위해 하루 한시간 스마트폰 끄고 말씀읽기

Mission 3. '성경 네비게이션 만들기' 일주일 동안 성경 말씀을 실천할 요일별 목표 만들기

• 일주일 동안 세 가지 Mission을 수행하며 느낀 점을 선생님, 친구들과 함께 나누어 보세요.

_____

_____

─── 삶을 위한 말씀의 창

크도다 경건의 비밀이여, 그렇지 않다 하는 이 없도다 그는 육신으로 나타난 바 되시고 영으로 의롭다 하심을 받으시고 천사들에게 보이시고 만국에서 전파되시고 세상에서 믿은 바 되시고 영광 가운데서 올려지셨느니라. (딤전 3:16)

경건의 모양은 있지만 능력이 없는 그리스도인

20세기는 대한민국의 그리스도인들에게는 의미 있는 날들입니다. 그 이유는 대한민국의 기독교가 가장 빠르고 거대한 성장을 이룩했기 때문입니다. 20세기 초만 하더라도 대한민국에서 교회를 찾아보기 힘들었습니다.

그러나 대한민국은 경제성장과 더불어 말로 설명할 수 없는 부흥을 경험했습니다. 지금도 대한민국 어디서든지 교회를 발견할 수 있습니다. 그러나 교회의 양적 성장이 질적 성장으로 연결된 것은 아닙니다.

20세기 후반 뇌물수수로 인한 청문에 자리에서 각기 다른 의견을 가진 교인들이 각자 자신의 주장이 정당성을 주장하기 위해 성경책 위에 선언을 하는 것을 볼 수 있었습니다.

온 국민에게 중계된 그 청문회를 통해 그리스도인으로 살아가는 우리에게는 어떤 의미가 있을까요? 그리스도의 신앙과 경건은 말씀과 삶이 동일한 경건입니다. 그저 교회에서 행해지는 거룩한 말과 경건들의 집합체가 아닌 말씀과 삶의 진실 된 일치입니다. 그러나 우리는 일치된 삶보다는 포장된 삶에 집중할 때가 많이 있습니다.

포장된 그리스도인들은 경건의 능력이 있을 수 없습니다. 그 이유는 경건은 포장된 겉 모습이 아닌, 겉과 속이 같은 그리스도인. 삶이 행동으로 나타나는 그리스도인에게 나타나기 때문입니다.

나는 경건한 그리스도인 일까요?

6 바울서신: 사랑 파워

이번분기는 신약개론을 진행합니다.

이번 과는 신약 27권 중 바울서신(고린도 전후서, 데살로니가 전후서)을 살펴봅니다.

- **바울서신**은 신약성경 중 바울에 의해 쓰여진 13편의 편지입니다. 13편의 편지 중 이 곳에서는 고린도 전후서와 데살로니가 전후서를 살펴봅니다.
- **고린도전서**는 고린도 교회 안에 일었던 다양한 문제들을 다루고 있습니다. 바울이 말하고자 하는 핵심은 성령의 능력으로 재림의 주님을 바라보며 복음의 진보를 위해 하나가 되라는 것입니다.
- **고린도후서**는 바울의 사도적인 삶과 사역의 현실과 성령의 능력 사이의 관계를 이야기 합니다.
- **데살로니가전서**의 주요 주제는 예수님의 재림입니다. 예수님이 재림하실 때, 예수님 안에서 죽은 자들이 부활하여 산 자들과 함께 올려져서 하늘 유업을 받게 됩니다.
- **데살로니가후서**는 전서와 함께 예수님의 재림에 대해서 이야기 합니다. 예수님의 재림에 앞서 "배교"와 불법의 사람인 적그리스도가 등장합니다. 그러나 이들은 예수님의 재림과 패배를 당합니다. 재림하신 예수님은 고통 당한 그리스도인들을 구원하시고, 그들을 박해하던 자들과 불신자들에게 진노를 베푸실 것입니다.

지극히 당연한 선택

재난 영화를 보면 다양한 사람들의 모습이 보여집니다. 특히 지극히 평범한 사람들이 위기 상황에서 이기적으로 돌변하는 것을 보면 무섭기도 합니다.

'부산행'이라는 영화속에서 열차안에서 위기를 맞이한 사람들이 다른 사람들을 먼저 생각하기 보다 자신을 먼저 생각하는 모습을 쉽게 발견할 수 있습니다. 영화속에서 이기적인 사람들의 모습을 보면 분노가 치밀어 오르지만, 정작 우리도 그 상황을 마주한다면 결국 똑같은 사람으로 변하고, 타인이 아니라 나만을 선택하는 것이 당연한 선택일지도 모릅니다.

내 생각에는…

1. 나는 영화 같은 극한의 상황이 다가온다면 내 목숨을 버리고 다른 사람의 목숨을 책임질 수 있을까요?

_____

2. 어쩌면 타인보다 자신의 생명을 챙기는 것이 지극히 당연한 선택인데 왜 영화 속 주인공들은 다른 선택을 했을까요?

_____

사랑, 그리스도인의 선택의 중심

| 고린도 전후서, 데살로니가 전후서 |

1. 바울은 어떤 은사를 중요하게 생각했나요(고전 12:31, 13:1,3,13)?

   사도바울은 다른 은사 중 사랑을 가장 중요한 은사로 생각했습니다. 산을 옮길 만한 믿음이 있어도 사랑
   이 없으면 소용이 없다고 이야기 합니다.

2. 다른 것이 아닌 사랑이 꼭 필요한 이유는 무엇인가요? 그리고 이 사랑의 모델이 되어
   주시는 분은 누구인가요(고전13:1-3,8-13, 14:1, 롬 13:10, 갈 5:14, 마 22:34-40)?

   사랑은 우리가 가지고 있는 은사들을 바르게 사용할 수 있는 가이드가 됩니다.

3. 예수님의 사랑은 그리스도인들에게 어떤 힘을 줄까요? 그 사랑을 통해 우리는 무엇을
   할 수 있을까요(고전 1:10, 13:5, 7, 고후 5:19, 살전 1:4 2:12, 5:9, 24)?

   고린도 교회는 내부적으로 파벌과 갈등이 있었습니다(고전 1장) 바울은 고린도 교회 안에 갈등을 해결할
   수 있는 방법을 사랑으로 생각했습니다. 그 이유는 사랑은 자신의 생각을 주장하는 것이 아닙니다. 하나
   님의 영광을 우선으로 삼기 때문입니다. 두 번째는 신자는 머리되신 예수그리스도가 있기 때문에 그 사랑
   을 아는 사람은 자신의 주장이 아닌 사랑으로 그리스도의 길을 따르기 때문입니다.

4. 내가 살고 있는 삶의 현장(교회, 학교, 가정, 학원)중 사랑이 가장 필요한 곳은 어디일까
   요?

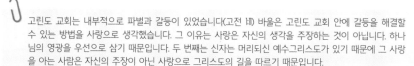

Today's Focus

그리스도인은 예수 그리스도의 '사랑'을 통해 연합되었고, 어떤 어려움
속에서도 그리스도의 사랑을 바라보며 거룩한 길을 걸어가야 합니다.

말씀의 렌즈로 일상 돌아보기

1. 아이돌 가수의 팬들 중에서는 서로 경쟁하는 팬클럽이 있습니다. 사소한 문제로 다툼이 나기도하고, 내가 사랑하는 가수를 지키기 위해서 어려움도 감내하는 모습을 볼 수 있습니다. 이런 팬심과 예수님을 사랑하기 때문에 인내하는 것은 어떤 차이가 있을지 말해봅시다.

_____

2. 연인 사이에 싸움과 다툼이 나는 이유는 둘다 각자의 사랑방식과 표현방식이 다르기 때문입니다. 그리스도의 사랑은 이런 연인간의 사랑과 무엇이 다를까요?

_____

3. 청소년들 사이에는 사랑받고 싶어서 문제를 일으키거나, 왕따 시키는 일이 있습니다. 어떤 사람은 사랑 때문에 자살을 하기도 합니다 그런데 그리스도의 사랑은 서로 다른 사람들을 연합하게 하고, 고통 가운데 이길 수 있는 힘을 줍니다. 그리스도의 사랑과 사람의 사랑은 어떤 차이가 있을까요?

_____

엄마의 사랑은 위대할 때가 많이 있습니다. 엄마는 나를 위해 힘들고 어려운 일도 대신 하십니다. 엄마의 사랑은 조건이 있습니다. 가족이기에 자녀이기에 무조건적으로 자녀와 가족을 위해 희생 합니다. 그런 어머니의 사랑을 위대한 사랑이라고 합니다.

• 엄마가 나를 사랑하는 것과 예수님이 나를 사랑하는 것 사이에 공통점과 차이점은 무엇일까요? 이 두 사랑을 보고 어떤 사랑을 더 위대한 사랑이라고 말할 수 있을까요?

_____

_____

_____

 내가 사람의 방언과 천사의 말을 할지라도 사랑이 없으면 소리나는 구리와 울리는 꽹과리가 되고(고전 13:1)

99

빛의 자녀! 말씀으로 빛나는 삶

Discernment

예수 그리스도의 십자가 사랑은 세상과 비교할 수 없는 위대한 사랑입니다. 이 사랑을 의지하며 살 때 우리는 사랑의 위대한 능력(연합, 인내, 소망)을 경험할 수 있습니다.

삶이 있는 신앙

• 다름을 연합으로 인도하는 사랑을 묵상해 봅시다.

⇒ [돌아보기]

내 안에 그리스도의 사랑의 감동이 있는지, 그리고 그 사랑을 의지하며 살아가는지 돌아봅시다.

⇒ [실천하기]

Mission 1. 내가 미워하는 친구 미워하지 않기

Mission 2. 내가 좋아하는 연예인 동영상 보는 만큼 말씀 읽기

Mission 3. 사랑하는 친구들을 위해 하루 한가지씩 양보하기

• 일주일 동안 세 가지 Mission을 수행하며 느낀 점을 선생님, 친구들과 함께 나누어 보세요.

_____

_____

_____

_____

삶을 위한 말씀의 창

누구든지 하나님을 사랑하노라 하고 그 형제를 미워하면 이는 거짓말하는 자니 보는 바 그 형제를 사랑하지 아니하는 자는 보지 못하는 바 하나님을 사랑할 수 없느니라 (요한서 4장 20절)

사랑, 하나님이 주신 연합의 묘약

영화나 드라마를 보면 사랑에 관련된 내용이 많이 나옵니다. 그 내용을 보면 어려운 위기 때에 결국 돈도 기술도 아닌 사랑이 많은 사람들을 구하는 것을 볼 수 있습니다. 그래서 사람들은 사랑이 위대한 변화를 이끌어가는 원천이라고 생각합니다.

실제로 자신을 포기하는 희생적인 사랑이 세상에 큰 감동을 주기도 합니다. 한국인 이수현씨는 일본인을 구하기 위해 자신의 지하철 철로에서 목숨을 버리기도 했습니다. 그래서 사람들은 헌신적인 희생과 사랑에 감동을 받아 매년 이수현씨를 추모하고, 영화로 만들기도 합니다. 나아가 개인을 넘어 한일간에 관계도 좋아지기도 합니다.

그러나 인간의 희생과 사랑은 감동을 주기도 하고 세상을 바꾸기도 하지만 영원한 힘이 있는 것은 아닙니다. 그러나 예수님이 보여주신 사랑은 어떠한 상황과 상관없이 2000년이 넘는 시간 동안 사람들을 변화시켰고, 사람들이 변화할 수 있는 주고 있습니다.

하나님의 아들이신 예수님이 보여주신 사랑은 인간 모두를 변화시킬 능력이 있기 때문입니다. 사람의 사랑은 몇 명, 특정한 시대 속에 있는 사랑을 이야기 하지만 예수님의 사랑은 인류 모두를 위한 것으로 사람뿐만이 아닌 창조세계를 변화시키는 원리이고 힘을 가지고 있습니다.

7 옥중서신: 성장 중

이번분기는 신약개론을 진행합니다.

이번 과는 신약 27권 중 옥중서신(에베소서, 빌립보서, 골로새서, 빌레몬서)을 살펴봅니다.

- **옥중서신**은 사도 바울이 감옥에 갇혀 있을 때 기록한 네 편의 편지(에베소서, 빌립보서, 골로새서, 빌레몬서)입니다. 네 편의 편지가 같은 주제를 다루는 것은 아니지만(에베소서는 교회론, 빌립보서와 골로새서는 기독론, 빌레몬서는 용서와 화해), 교회와 성도를 독려하고, 교회를 진리 안에 일치시키고자 하는 공통의 목표를 가지고 있습니다.
- **에베소서**는 '그리스도는 모든 창조 세계를 하나님과 화해시키셨다'와 '그리스도는 모든 열방의 백성들을 교회 안에서 자신 및 그들 서로와 연합하게 하셨다'로 기록하고 있습니다. 이 진리에 비추어 그리스도인은 주님께 합당한 감사의 표시가 되는 삶을 살아야 합니다.
- **빌립보서**의 핵심 주제는 기쁨입니다. 바울은 처음부터 복음 사역에 동참한 빌립보 교인들의 섬김과 헌신에 감사하며, 그 귀한 섬김 안에서 함께 기쁨을 누리자고 합니다.
- **골로새서**는 그리스도가 우주 만물을 다스리시는 주님이라는 것을 선포합니다. 그리스도는 자기 백성을 위해 구속을 성취하시고, 성도들이 부활의 충만함에 참여하도록 하십니다.
- **빌레몬서**는 복음이 성도의 삶을 변화시키고, 서로 간의 관계에도 선한 영향을 끼친다는 것을 말합니다.

내 나이는 성장 중

공자가 쓴 논어의 위정 편에 다음과 같은 말이 있습니다.

吾十有五而 志于學 (오십유오이 지우학) 내 나이 열다섯 살 대 학문에 뜻을 품고
三十而 立(삼십이 립) 서른 살에 스스로 듯과 의지를 세웠으며
四十而 不惑(사십이 불혹) 마흔 살에 어떤 일이든 거침없이
五十而 知天命(오십이 지천명)
六十而 耳順(육십이 이순)
七十而 從心所慾不踰矩(칠십이 종심소욕불유구)

내 생각에는…

1. 나이에 맞는 성장과 성숙이 이루어지지 않으면 어떻게 될까요?

_____

_____

2. 신앙의 성장이나 성숙을 위해 나에게 필요한 것은 무엇인가요?

_____

_____

감옥에서 전한 그리스도인의 삶의 표본

| 에베소서, 빌립보서, 골로새서, 빌레몬서 |

1. 그리스도인은 어떻게 성장할 수 있나요? 예수님이 보장하는 성장의 특징은 무엇입니까(골 1:9-10, 15-20, 28-2:5, 2:16-23, 3:18-4:6).

> 그리스도인의 성장은 특별한 경험과 특정한 규칙이나 혹은 비밀스런 지식의 공유를 통해 공유되는 것이 아닙니다. 복음에 관한 깊은 이해와 매일 삶 속에서 표현하는 것을 말합니다. 어떤 상태에 도달하는 것을 말하는 것이 아니라 복음이 삶을 매일 매일 변화시키는 것을 말합니다.

2. 거룩한 성장을 이루는 그리스도인이 될 수 있는 근거는 어디에 있나요(골 1:12-14)?

> 사도 바울은 흑암의 권세 아래 있었던 우리가 예수 그리스도를 통해 죄사함을 얻고 아들의 나라로 옮겨 주셨습니다. 그리고 거룩한 삶을 살 수 있는 근거를 제공 하셨습니다.

3. 그리스도인이 매일 그리스도 앞에서 성장(변화)할 수 있는 이유는 무엇인가요? 마지막 때에 우리 삶의 보증은 무엇으로부터 확증 되나요(골 1:11-12)?

> 그리스도인은 혼자의 힘과 동력으로 성장하는 것이 아닌 성령의 능력을 통해 힘을 공급 받고 성장하는 것을 말합니다. 그리고 그 성장의 속에서 복음은 마지막 때에 우리의 삶의 보증이 됩니다. 즉 그리스도인의 삶의 변화의 시작이며 마지막 보증이 됩니다.

4. 나는 그리스도인으로서 성장하는 삶을 살고 있나요?

> 그리스도인이 성장하지 못하는 이유는 그리스도인의 삶의 근원이 믿음으로 구원을 받은 믿음과 확신이 삶속에 뿌리 밖고 있지 못하기 때문입니다.

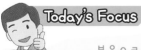

Today's Focus

복음으로 하나님의 자녀 된 그리스도인은 삶은 성장과 변화의 삶을 살아가야 합니다.

103

말씀의 렌즈로 일상 돌아보기

1. 사랑하면 변한다는 말이 있습니다. 주변에 있는 친구들 중에 여자친구, 남자친구가 생겨서 변한 친구들이 있으면 말해봅시다. 사랑하는 사람이 생기면 왜 삶이 변할까요? 우리를 구원하신 예수님을 사랑할 때 나의 삶에는 어떤 변화들이 올까요?

2. 작심삼일 이라는 말이 있습니다. 작정한 마음들이 삼일만 간다는 이야기입니다. 혹시 나에게 이런 경우가 있다면(공부, 운동, 신앙, 등) 말해봅시다. 나의 신앙이 성장하기 위해서는 무엇이 필요할까요?

3. 사람들은 언제 성장했다고 이야기 하나요? 세상이 말하는 성장과 성경이 말하는 성장은 어떤 차이가 있을까요?

'프로젝트101'과 같은 오디션 프로그램속 참가자들을 보면 애초부터 실력이 좋았지만 퇴보하는 사람과 실력이 형편 없지만 성장하는 사람들이 많이 있습니다. 대중은 실력이 부족하지만 성장하는 사람들을 좋아합니다.

• 오디션에서 실력이 성장하는 것과 그리스도인으로 성장(성숙)하는 것은 어떤 차이가 있나요?

또 어려서부터 성경을 알았나니 성경은 능히 너로 하여금 그리스도 예수 안에 있는 믿음으로 말미암아 구원에 이르는 지혜가 있게 하느니라 (딤후3:15)

빛의 자녀 말씀으로 빛나는 삶

Discernment

그리스도인은 매일매일 하나님의 말씀에
순종하는 삶을 통해 복음 앞에 성장해야 합니다.

삶이 있는 신앙

• 복음으로 성숙하는 그리스도인, 삶이 변화되어 하나님의 영광을 나타내는
  그리스도인인지 생각해 봅시다.

  ⇒ [돌아보기]

  말로 고백하는 믿음과 내 삶은 어떤 차이가 있는지 생각해 봅시다.

  ⇒ [실천하기]

  Mission 1. 친구에게 내삶 연구 보고서 요청해서 받아보기

  Mission 2. 내 인생 성장 그래프 그려 보기

  Mission 3. 미래에 나에게 편지 적어보기

• 일주일 동안 세 가지 Mission을 수행하며 느낀 점을 선생님, 친구들과 함
  께 나누어 보세요.

_____

_____

_____

_____

삶을 위한 말씀의 창

내가 살 것과 너희 믿음의 진보와 기쁨을 위하여 너희 무리와 함께 거할 이것을
확실히 아노니 (빌1:25)

세상을 변화시키는
성장하는 그리스도인

최근 하버드를 합격한 예비 합격생들이 합격을 취소당한 일이 있었습니다. 그들은 19.5:1이라는 아주 치열한 경쟁에서 합격한 학생들이 였습니다.

이 10명의 학생들의 합격취소 이유는 다른 것이 아닌 SNS상에서 인종차별. 성차별. 발언을 했기 때문입니다.

그러나 이들의 발언 보다 사람들의 관심은 이같은 발언이 밝혀지게 된 과정입니다. 사실 이 10명의 합격생들은 SNS에 두개의 개정을 가지고 있었습니다. 사람들에게 외적으로 보이는 계정은 상당히 친절했고. 정의로웠고. 다수의 사람들이 인정할 만한 내용들이 가득했습니다. 그러나 또 다른 계정은 편협한 사고와 성차별적이고. 다른 누군가를 비난하는 내용들이 가득했습니다. 또 다른 계정을 통한 이들의 언행들이 학교측에 발각되어 이들의 합격을 취소했습니다.

사람들은 외면적인 변화. 좋은 학벌이. 혹은 경제적인 발전이 한 사람의 성장을 책임지는 것이라고 생각하기도 합니다.

그러나 성장하는 그리스도인은 외면의 성장만을 이야기 하는 것이 아닙니다. 그렇다고 단순한 착한 사람이 되는 것도 아닙니다. 성경적인 성장은 그리스도가 동기가 되어 복음으로 내면의 동기와 목적이 변하는 것을 이야기 합니다.

많은 그리스도인들이 성장하기 원합니다. 그러나 외면적인 것들이 전부라고 생각하는 사람들이 있습니다. 그런 사람들은 하버드 합격을 취소 당한 10명의 친구들 처럼 외적인 면만 아름답게 치장하는 것이 전부가 아닌 그리스도의 복음을 따라 내면이 변화하고. 그 변화가 삶을 하나님의 말씀대로 이끄는 것이 그리스도의 성장입니다.

8 일반서신1: 청결과 정결

이번분기는 신약개론을 진행합니다.

이번 과는 신약 27권 중 일반서신1(히브리서, 야고보서, 베드로전후서)을 살펴봅니다.

- **일반서신**은 다른 말로 '공동서신', '교회서신'이라고 합니다. 일반서신은 특별한 개인이나 특정한 교회가 아니라 교회 일반에 보내진 회람용 서신입니다.
- **일반서신1**에서는 히브리서, 야고보서, 베드로 전후서를 살펴봅니다.
- **히브리서**는 풍부는 구약 율법을 사용해서 예수님이 그 어떤 천사, 제사장, 옛 언약의 어떤 제보다 위대하다고 선포합니다. 이를 토대로 저자는 각 사람이 이 큰 구원에서 떠나지 말고, 그리스도 안에 있는 참된 안식을 붙들고, 다른 이들에게도 그것을 격려하라고 요청합니다.
- **야고보서**는 말씀을 듣는 것에 그치지 말고 실천할 것을 강조합니다. 믿음을 삶으로 증명하라는 것으로, 행함이 없는 믿음을 죽은 것이라고 합니다.
- **베드로전서**는 예수님을 믿으면서 당하는 고통과 박해를 믿음으로 인내하며 예수 그리스도의 죽음과 부활을 바라보며 이길 것을 선포합니다.
- **베드로후서**는 그리스도 안에 있는 하나님의 은혜가 고난과 반대속에서도 그리스도인들을 의롭게 살도록 변화시키고 강건하게 함을 선포합니다.

순대와 블루트 부어스트

학교 수업 후 친구들과 학교로 돌아가는 길에 순대를 사먹기로 했습니다. 그런데 한 친구가 순대를 청결하지 못해서 먹지 못하겠다고 이야기 했습니다. 그 친구는 어떻게 돼지의 부산물로 만든 음식은 청결하지 못해 먹을 수 없다고 했습니다. 이 일이 있고 몇 일 후 한 고급스런 음식점에서'블루트 부어스트'라는 음식을 먹고 있었습니다.

'블루트 부어스트'는 독일식 소시지로 한국의 순대와 외관이 비슷할 뿐 아니라 만드는 법도 비슷한 음식입니다. 친구가 독일식 소시지를 먹는 모습을 보고 한국 순대와 독일 소시지가 무엇이 다른지 물어 보자 그 친구는 이렇게 답했습니다.

"한국 순대는 길거리에서 팔아서 깨끗하지 못하지만 레스토랑에서 파는 이 소시지는 깨끗해"

 내 생각에는…

1. 여러분은 순대와 소시지를 다르게 생각한 친구의 말에서 무엇이 문제라고 생각하나요?

2. 나도 혹시 겉표면만 보고 사람을 판단한 적이 없나요? 있다면 말해 봅시다.

정결의 힘

| 히브리서, 야고보서, 베드로전서, 베드로후서 |

1. 예수 그리스도는 인간의 정결한 삶을 위해 무엇을 하셨나요(히 1:3, 2:10-18, 4:15-16, 9:11-10:19)?

> 정결한 삶(죄가 아닌 말씀을 따르는 삶)을 위해 그리스도는 십자가에 달리셨고 이는 우리가 단순한 죄의 문제를 넘어 하나님의 자녀된 삶을 살아가는 근거가 됩니다.

2. 그리스도인이 정결을 위해 삶에서 조심해야 할 것과 지켜야 할 것들이 무엇일까요 (히 2:1-4, 3:7-4:13, - 5:11-6:12, 10:19-39, 12:1-29, 약 1:9, 27, 2:1-5, 3장, 벧전 2:14)? 그리고 경건한 삶을 사는 그리스도인들에게는 어떤 은혜들이 있을까요(약 1:12, 2:5, 12-13, 3:1, 4:12, 벧후 2:7-9, 3:8-10, 3:13-18)?

> 그리스도의 정결한 삶을 사는 사람에게는 인내가 필요합니다. 그 이유는 그리스도인의 삶이 현재가 아닌 미래(재림)를 향하고 있기 때문입니다. 경건한 그리스도인은 예수님이 다시 오실 때에 은혜와 상급이 있습니다.

3. 그리스도인은 어떤 삶을 살아야 하나요? 이 삶이 정결에 대해 어떻게 정의 내려 주고 있나요(약 2:14-16, 벧전 1:1-2, 13-2:3, 2:4-10, 벧후 1:2-4)?

> 그리스도의 복음은 그리스도인들에게 외면적인 청결함이 아닌 정결한 삶을 살아가야 한다고 이야기 한다.

4. 나는 경건한 그리스도인인가요? 아니면 겉만 깨끗한 그리스도인인가요?

Today's Focus

그리스도의 복음은 겉만 청결한 것이 아닌 말씀의 삶인 경건한 삶을 살도록 합니다.

말씀의 렌즈로 일상 돌아보기

1. 인터넷에 '반전 매력'이라는 말이 있습니다. 이 말은 외면과 다른 모습을 보았을 때 이야기 하는 것입니다. 나는 친구의 반전 매력을 본적이 있는지 말해봅시다. 반대로 겉은 멋지지만 성격이 좋지 못한 친구를 보았을 때 어떤 생각이 들었는지 말해봅시다.

2. 다른 사람들이 나의 외면을 보고 평가 한다면 어떤 평가를 내릴까요? 그 사람들에게 나에 대해 무엇을 말해 줄 수 있을까요?

3. 사람들은 '청결'을 깨끗함 으로 표현합니다. 사람들이 말하는 청결과 성경의 청결의 차이점은 무엇일지 말해 봅시다.

HOT토론

사람들은 다양한 직업 중에 3D(Dirty, Difficult, Dangerous)을 기피합니다. 사람들이 3D 직업을 피하는 이유가 무엇일까요? 나는 이말에 대해 어떻게 생각하나요? 성경적으로 이 문제에 어떻게 답할 수 있을까요?

 이는 하나님의 영광의 광채시요 그 본체의 형상이시라 그의 능력의 말씀으로만 물을 붙드시며 죄를 정결하게 하는 일을 하시고 높은 곳에 계신 지극히 크신 이의 우편에 앉으셨느니라(히1:3)

빛의 자녀! 말씀으로 빛나는 삶

Discernment

그리스도인은 외면의 청결함에 집중하는 것이 아니라
말씀의 가치에 집중하고 말씀을 따라 살아가는 정결한
삶을 살아가는 사람입니다. 각 자의 삶에서 하나님의
말씀이 이루어 지도록 정결한 삶을 살아갑시다.

삶이 있는 신앙

• 하나님의 말씀이 실천되는 경건한 삶인지 생각해 봅시다.

⇒ [돌아보기]

친구들이 보는 나는 정결한 그리스도인인가요?

⇒ [실천하기]

Mission 1. 요일별 말씀 순종 카드 만들어 요일별로 지키기.

Mission 2. 정결 선언문 만들어 책상에 붙여 놓고, SNS에 공유하기.

Mission 3. 학교 생활중 친구들에게 청결과 정결에 대한 이야기 나누어 보고 생각
정리해 보기.

• 일주일 동안 세 가지 Mission을 수행하며 느낀 점을 선생님, 친구들과 함
께 나누어 보세요.

삶을 위한 말씀의 창

많은 사람이 연단을 받아 스스로 정결하게 하며 희게 할 것이나 악한 사람은 악을
행하리니 악한 자는 아무것도 깨닫지 못하되 오직 지혜 있는 자는 개달으리라(단
12:10)

Image Vs Image

현대사회를 '소비사회'라고 이야기 합니다. 소비 사회는 사람들 사이에서의 보이는 것을 중요하게 생각합니다. 현대는 포스트모더니즘의 영향으로 진리와 거대 담론(절대적 진리)이 사라진 사회가 되었고, 결국 사람들 사이에는 소비만 남게되었습니다.

그래서 소비사회에는 사람들 눈에 보이는 이미지를 중요하게 생각하고, 사람들의 평가의 기준이 이미지에 집중됩니다. 대표적으로 명품 가방을 소비하는 것, 성형외과가 사람들로 붐을 이루는 것 또한 이 와 같은 사회의 결과입니다.

이 시대를 살아가는 그리스도인도 기독교를 하나의 소비의 도구로 생각하는 사람들이 존재합니다. 이들은 종교적인 형식과 이미지에만 집중하고, 본질적인 의미와 진리를 쇠퇴되는 현상들이 나타나기도 합니다.

그러나 성경은 그리스도인이 외형적인 이미지에 집중하는 것을 중요하게 생각하는 것이 아니라 하나님의 형상(이미지)을 회복하는 것을 중요하게 생각합니다. 그래서 성경은 지속적으로 외면과 율법이 아닌 믿음을 강조하고 있는 것입니다.
예수님이 이 땅에 오셔서 하신 것도 사람들에게 종교적 이미지를 형성하는 것이 아닌, 하나님의 이미지를 회복하게 하시기 위해 오셨습니다.

청결과 정결의 문제도 마찬가지입니다. 외적으로 그리스도인이 좋은 직업, 좋은 옷, 좋은 외모와 이미지를 만드는 것에 전심을 다하기 보다는 복음으로 내 삶이 변화 받고, 하나님의 말씀이 이루어지는 성화의 삶을 사는 것이 중요합니다.

또나바 여러서부터 성령을 알았나더
성령은 능치 너로 하다금 그리스도 예수 안에 있는 믿음으로 말마암아 구원에 어르는
지체가 있게 하느니라. 모든 성 믿은 하나님의 감동으로 된 것이 교훈과 책망과 바르게 함과
의로 교육하기에 유익하니 이는 하나님의 사람으로 온전케 하며 모든 선한 일을 행하기에
온전케 하려 함이니라.
유익하니 이는 하나님의 사람으로 온전케 하며 모든 선한 일을 행하기에
온전케 하려 함이니라.

9 일반서신2: 두 개의 삶

이번분기는 신약개론을 진행합니다.

이번 과는 신약 27권 중 일반서신2(요한일서, 요한이서, 요한삼서, 유다서)를 진행합니다.

- **일반서신**은 다른 말로 '공동서신', '교회서신'이라고도 합니다. 일반서신은 특별한 개인이나 특정한 교회가 아니라 교회 일반에 보내진 회람용 서신입니다. 일반서신2는 요한일서, 요한이서, 요한삼서, 유다서를 살펴봅니다.
- **요한일서**는 독자들에게 순종하는 생활, 열정적인 헌신, 신앙생활의 기본으로 돌아갈 것을 촉구 합니다.
- **요한이서**는 예수그리스도의 진리에 부합되게 하나님의 사랑 안에서 살아가는 것을 촉구합니다. 그 대표적인 원리가 사랑입니다.
- **요한삼서**는 짧고 개인적인 내용으로 교회의 권징, 행동으로 믿음의 진실성을 입증하는 것 등을 말합니다.
- **유다서**는 믿음의 싸움을 잘 싸울 것을 권면합니다. 특별히 거짓 교사들을 대항하고, 진리를 따르는 일에 끝까지 인내해야 함을 선포합니다.

최근 청소년들 사이에 사이버 세상과 현실 세상이 다른 친구들이 많이 있습니다. 이들은 현실 속에서는 표현하지 못하는 것들을 가상의 세계속에서 자신있게 표현하는 모습을 쉽게 발견할 수 있습니다.

대표적인 내용은 악플입니다. 일부 유명인에게 악플을 다는 사람, 혹은 청소년들을 조사해 보면 현실 속에서는 조용하고, 자신의 의사표현을 잘 하지 못하는 소심한 성격의 사람인 경우가 많이 있습니다.

혹시 SNS속 나의 모습과 현실의 나의 모습에 차이가 있나요?

1. 여러분들은 현실에서는 소심한데 인터넷상에서 험한 말도 하고 악플을 다는 사람들을 보면 어떤 생각이 드나요?

_____

_____

2. 교회와 학교에서 나의 삶의 모습에는 차이가 없나요?

_____

_____

두 개의 세계? 한 개의 삶?

| 요한1서, 요한2서, 요한3서, 유다서 |

1. 요한은 어떤 사람들을 조심하라고 하나요(요일 2:9, 11, 22-27; 4:1,8 15; 3:6-10 5:1,10, 요이 7)?

　　요한이 말하는 적그리스도인. 대적자들은 예수님이 육체로 오심을 부인하는 자들입니다. 이들의 문제는 예수님을 부인하는 것만이 아닌 그리스도인이 빛(거룩) 가운데 사는 삶을 부인하는 사람입니다.

2. 올바른 그리스도인은 영지주의자들과 어떻게 다른가요(요일 3:13-24; 요이 4-11, 요삼 11)?

　　바른 그리스도인은 삶과 신앙. 말과 행동이 구분된 사람이 아니라 진리 앞에 동일한 사람들을 이야기 합니다. 영지주의자들은 이 둘을 분리하여 육은 거룩하지 못하기 때문에 영에만 집중한 사람들입니다.

3. 신앙과 삶의 일치를 추구하는 이들은 세상에서 어떤 역할을 하나요(요일 4:7-21; 5:1-12)?

　　하나님을 참되게 사랑하는 사람은 삶과 신앙이 동일해 지고 그들은 하나님의 마음으로 세상을 보고 형제를 사랑하는 사람이 됩니다. 더불어 믿음으로 세상을 승리하는 사람이 될 수 있습니다.

4. 삶과 신앙이 분리된 그리스도인의 모습은 어떤 것들이 있을까요? 나의 삶 속에 그런 모습이 있다면 말해봅시다.

그리스도인은 삶과 신앙이 분리된 사람이 아닌, 하나님의 사랑을 알기 때문에 그리스도의 복음안에서 삶과 신앙이 동일한 믿음을 가진 사람입니다.

말씀의 렌즈로 일상 돌아보기

1. 내 주변에 이중적인 사람들이 있나요? 말과 행동이 다른 사람(나를 포함)이 있다면 말해봅시다. 왜 말과 행동을 다르게 할까요?

2. 윤리(도덕) 점수가 윤리적(도덕적) 삶을 보장한다고 생각하나요?

3. 세상 사람들은 '말'을 중요하게 생각합니다. 그래서 속담 중에 '말 한마디에 천 냥 빚을 갚는다.'는 말이 있습니다. 실제로 사람은 말에 쉽게 반응합니다. 여러분들도 이말에 동의 하나요? 성경은 어떤 사람이 되어야 한다고 하나요? 성경과 이 현상은 어떤 차이가 있을까요? 나의 삶은 어떤가요?

HOT토론

인터넷 매체에서 말과 행동이 다른 정치인의 화법을 '유체이탈' 화법이라고 합니다. 이 신조어는 사람의 말과 행동이 다를 때 표현하는 말입니다. 그런데 이런 모습들은 일부 정치인들만이 아닌 개인의 삶의 영역에도 자주 볼 수 있습니다.

- 왜 사람들은 '유체이탈 화법'을 구사하는 정치인들을 보면서 자신의 자신의 문제는 대수롭지 않게 생각할까요? 그 이유는 무엇일까요? 더불어 내가 삶과 신앙이 동일한 삶을 사는 것은 어떤 영향력이 있을지 말해봅시다.

 만일 그리스도 안에서 우리가 바라는 것이 이 세상의 삶뿐이면 모든 사람 가운데 우리가 더욱 불쌍한 자이리라(고전15:19)

빛의 자녀! 말씀으로 빛나는 삶

Discernment

적 그리스도자들은 삶과 신앙이 분리된 사람들이였습니다. 그리스도인이 삶과 신앙이 동일하기 위해서는 먼저 하나님을 사랑하고 그 사랑이 내 삶에 들어와 내 행위를 변화시켜야 합니다. 삶과 행동이 동일한 사람들을 통해 하나님은 세상을 변화시킵니다.

삶이 있는 신앙

• 삶과 신앙이 동일한 사람은 어떤 사람인지 말해봅시다.

⇒ [돌아보기]

세상의 삶(학교)과 신앙의 삶(교회)이 분리되어 있는지 돌아봅시다.

⇒ [실천하기]

Mission 1. 학교에서 친구 3명에게 '멋진 그리스도인'이란 말 들어보기

Mission 2. sns에 신앙과 삶의 실천기 3개 이상 올리기

Mission 3. 학교가 같은 교회 친구들에게 '학교 생활보고서' 받아보기

• 일주일 동안 세 가지 Mission을 수행하며 느낀 점을 선생님, 친구들과 함께 나누어 보세요.

_____

_____

_____

삶을 위한 말씀의 창

아아 허탄한 사람아 행함이 없는 믿음이 헛것인 줄을 알고자 하느냐(약2:20)

두 개의 삶에서 하나의 삶으로

매트릭스라는 영화 속 주인공 네오(키아누리브스)는 현실에서는 직장 상사에게 말도 못하는 소심한 성격에 주인공입니다. 그러나 밤이면 네오로 변하는 주인공은 유명한 헤커로 대범한 일도 많이 합니다.

그런 네오가 매트릭스속 세상에 들어가 다른 인생을 살게 됩니다. 소심한 네오에서 세상을 구하기 위해 자신을 내던지는 네오로 변화되어 갑니다. 이 변화는 가상과 현실의 삶이 구별되었던 네오가 자신의 존재와 한 여인과의 사랑으로 가상과 현실이 동일해지고 그 경계가 무너지는 삶으로 부터 시작합니다.

그리스도인은 어떤 사람일까요? 그리스도인에게도 현실과 신앙이라는 두 개의 영역이 있는 것 처럼 보입니다. 그래서 우리는 각각의 위치에서 다른 행동을 취해야 한다고 생각합니다. 그러나 하나님의 사랑은 한 개인이 두 개의 영역에 주어진 동일한 진리를 알게 하고, 두 개의 삶을 말씀이라는 진리안에 동일하게 살아가도록 하고 있습니다. 바로 그것이 삶과 신앙이 동일하고, 세상속 삶과 교회속 나의 삶이 말씀을 기준으로 동일해 지는 것입니다.

10 요한계시록: 선택의 마지막 결과

이번분기는 신약개론을 진행합니다.
이번 과는 신약 27권 중 요한계시록을 살펴봅니다.

- **요한계시록**은 교회가 관여하고 있는 보이지 않는 전쟁, 그리스도와 사탄 사이에 벌어지는 우주적 싸움의 진상을 밝힙니다. 어린 양이신 예수님은 이미 자신의 희생적 죽음을 통해 결정적인 승리를 거두셨지만 그리스도의 교회는 박해, 거짓 가르침, 물질적 풍요와 문화적 인정의 유혹을 통해 계속해서 공격을 받습니다. 요한은 허락된 환상을 통해 그리스도의 초림과 재림 사이에 있는 교회가 당하는 시련과 유혹의 배경에 깔려 있는 영적 실재를 드러내고, 종국에 이루어질 그리스도의 승리의 확실성을 단언합니다. 교회는 종말의 경고에 귀를 기울임으로 고난을 이겨야 합니다. 동시에 세상 질서와 더러운 유혹에서 순전함을 유지함으로 교회를 강건하게 해야 합니다.
- **요한계시록**은 서언(1:1-8), 교회가운데 지금 있는 일(1:9-3:22), 이 후에 마땅히 일어날 일들(4:1-22:5), 맺음말-요한계시의 신뢰성과 다시 오실 예수님의 약속(22:6-21)으로 구성되어 있습니다.

인내를 가능케 하는 것들

태릉에 위치한 '태릉선수촌'에는 많은 선수들이 모여 금메달을 위해 매일 땀을 흘리며 운동을 하고 있습니다. 이들은 전국 각지에서 대회를 통해 국가대표로 선출된 인원입니다. 이들은 상상도 할 수 없는 많은 훈련들을 받고 있습니다. 이 훈련은 국가대표들에게도 힘들고 고단한 훈련입니다. 훈련과정이 다양하고 체계적이지만 양이 많을뿐 아니라 체중관리와 식단조절 그리고 부담감과 내부의 경쟁으로 인해 선수들이 받는 스트레스는 가늠할 수 없습니다.

그러나 국가대표가 이 고된 훈련 속에서 참고 인내할 수 있는 이유는 금메달이 주는 영광 때문입니다. 이 과정을 지나 올림픽에서 금메달은 그저 자신의 영광뿐만이 아닌 나라의 위상도 높아지기 때문입니다. 그 사실을 아는 국가대표들은 나라에 금메달을 안기기 위해 최선을 다합니다.

내 생각에는…

1. 내가 국가대표라면 고되고 힘든 훈련을 이겨 낼 수 있을까요? 혹시 국가대표가 훈련을 받는 영상이나 이야기를 들은 것들이 있다면 말해봅시다.

2. 내 삶에서 지금 어렵고 힘든 일들은 무엇인가요? 어떻게 이겨 낼 수 있을까요?

117

이기는 승리

| 요한계시록 |

1. 요한계시록은 어떤 일들을 기록한 책인가요(계 1:1,10-11, 19)?

요한계시록은 사도 요한이 밧모 섬에서 하나님의 계시되어진 말씀입니다. 즉 현재와 미래에 교회와 그리스도인에게 어떤 일들이 일어날지를 기록하고 있습니다.

2. 요한계시록에 기록된 일곱교회를 정리해 봅시다.

교회	본문	처한 상황
에베소 교회	계 2:1-7	악한 자들을 용납하지 않고 거짓된자를 들어냄, 처음 사랑 버림
서머나 교회	계 2:8-11	
버가모 교회	계 2:12-17	
두아디라 교회	계 2:18-29	
사데 교회	계 3:1-6	
빌라델비아 교회	계 3:7-13	
라오디게아 교회	계 3:13-22	

7개 교회를 정리해보면 이들이 처한 상황들 속에 나타나 있는 어려움들을 알 수 있습니다. 에베소 교회는 처음의 신앙을 상실했고 서머나 교회는 교회를 향한 박해가 있었고 버가모 교회는 거짓 가르침 속에 있고. 두아디라교회는 분별력과 잘못된 이단을 용납한 것등 과거에 소아지역의 7개 교회에 일어난 일이지만 오늘을 살아가는 우리들에게도 첫 신앙을 상실한 모습. 말씀의 분별력이 없는 것등, 특히 유혹과 시험의 박해 속에 있는 모습은 구체적인 상황은 다르지만 우리들에게도 일어나는 일들입니다.

3. 교회에 보낸 편지의 마지막에는 꼭 들어가 있는 공통적인 표현은 무엇인가요? 그리고 마지막 교훈을 통해 무엇을 얻을 수 있을까요(계 2:7, 11, 17, 26, 3:5, 12, 21)?

하나님의 백성은 그리스도의 말씀대로 살면 고난과 어려움이 있습니다 그러나 그 고난을 이기고 끝까지 그리스도를 따라가면 승리가 있습니다. 요한계시록은 이점을 강조합니다.

4. 내 삶에서 결과를 바라보고 끝까지 성취하여 좋은 결과를 얻은 적이 있다면 말해봅시다(시험기간 힘들었지만 끝까지 공부해서 좋은 성적을 받았다).

Today's Focus

세상의 고통 속에서도 진리를 선택하고 지키면 승리할 수 있습니다.

말씀의 렌즈로 일상 돌아보기

1. 최근 중고등학생들 사이에서 '입소문'을 타는 '약'이 있습니다. 일명 '공부 잘하는 약' 입니다. 그러나 해당 약은 '주의력 결핍과 과다 행동장애'(ADHD) 치료제 입니다. ADHD증상이 없는 사람이 이 약을 먹으면 두통, 불면증, 등 심각한 부작용을 겪을 수도 있다고 합니다. 학생들이 포기하지 않기 위해 이 약을 먹는 것과 믿음으로 고난 을 이기는 것은 어떤 차이가 있을까요?

2. 학교 진로수업시간에 10년 후 20년 후 30년 후 나의 계획을 세워 삶의 목표을 정하 게 합니다. 학교 진로시간에 왜 이런 계획을 세워 보도록 할까요?

3. 사람들은 힘들고 어려운 일보다. 편한 일을 좋아합니다. 그래서 사람들은 편한 일, 안락한 일을 찾아갑니다. 세상 사람들이 보기에 그리스도인은 힘들고 고통스러운 길 을 찾아가는 것처럼 보입니다. 만약 세상 사람들이 나에게 왜 그렇게 힘들고 고통스 러운 길을 가려고 하는지 묻는다면 나는 뭐라고 대답해야 할 것인가요?

사람들은 안락한 삶을 살기 위해 노력합니다. 때로는 안락한 삶을 위해 부도덕적인 일도 서 슴 없이 하고 고통을 감수하기도 합니다. 사람이 안락한 삶을 위해 노력하는 것과 그리스도 인이 복음을 위해 고난의 삶을 사는 것은 어떤 차이가 있을까요? 나는 이 둘 중 무엇이 나 를 안락(평화)하게 할 수 있다고 생각하나요?

주께서 너희를 우리 주 예수 그리스도의 날에 책망할 것이 없는 자로 끝까지 견 고하게 하시리라(고전1:8)

빛의 자녀! 말씀으로 빛나는 삶

Discernment

진리 위에 있는 고통이 성도를 힘들게 하지만 진리를
붙들면 고난을 이기고 하나님의 승리를 볼 수 있습니다.

삶이 있는 신앙

• 삶의 바른 목표와 이유를 가지고 있는 사람인지 생각해봅시다.

⇒ [돌아보기]

사람들 사이에 믿음과 신앙 때문에 불편할 때 나는 어떻게 행동했는지
돌아봅시다.

⇒ [실천하기]

Mission 1. 나의 인생 그래프를 그려보고, 나에게 어려운 시간을 어떻게 이길 수
있었는지 말해 봅시다.

Mission 2. 내가 목표로 했지만 힘들어서 포기했던 것들을 정리해 보고 이번주
한가지 도전해 봅시다.

Mission 3. '고난'과 '신앙'을 주제로 교회반에서 신문을 만들어 교회 게시판에 붙
여보기.

• 일주일 동안 세 가지 Mission을 수행하며 느낀 점을 선생님, 친구들과 함
께 나누어 보세요.

삶을 위한 말씀의 창

그리스도는 하나님의 집을 맡은 아들로서 그와 같이 하셨으니 우리가 소망의 확
신과 자랑을 끝까지 굳게 잡고 있으면 우리는 그의 집이라(히 1:3:6)

목표를 바라보는 것

역사를 보면 위대한 성취를 이룬 사람들이 많이 있습니다. 그들에게는 공통점이 여러가지가 있습니다. 그 중의 하나는 목표가 있다는 것입니다.

만약 결승점이 없는 경주를 한다면 어떤 경주일까요?

아마 각기 다른 방향. 다른 곳을 향할지도 모릅니다. 어디로 가야할 지 몰라 그 자리에 서 있을 지도 모릅니다.

목표를 바라본다는 것은 그리스도인들이 믿음을 가지고 해야 하는 첫번째 일입니다. 세상을 살면서 목표가 없이 살아가는 것은 그리스도인으로 살아갈 수 없음을 이야기 합니다. 반대로 이야기 하면 지금 내가 목표가 없다면 나은 그리스도를 만난 것이 아닐 수도 있습니다.

하나님은 믿음을 통해 그리스도인의 삶에 변화 가져오십니다. 그것이 바로 목표의 변화입니다.

요한계시록이 고난과 유혹에서 승리하라는 것은 다른 것이 아닌 목표를 가지고 그 목표를 위해 달려가라는 것입니다. 그리스도인이 목표를 알 때 힘들고 어려운 고난과 역경도 이길 수 있기 때문입니다.

그리스도를 아는 내가 그리스도로 부터 오는 목표를 가지고 살아갈 수 있기를 바랍니다.

11 특강: 신약 그리스도인의 정체성

성경에서 오는 그리스도인의 정체성

영국의 캠브리지 대학을 졸업하고 재판소 판사가 된 두 청년이 있다.
이 두 판사는 반종교인이다.
이 두 사람의 이름은 웨스털과 로드리털이다.

이 두 사람이 작정하기를 "성경에는 예수의 사적과 바울의 사적이 있으니 우리는 이에 반대하는 팜플렛을 발행하여 전국에 반포하자" 하고 돌아가 성경 연구하기를 시작하였다.

그러나 그들은 성경을 연구하는 데서 감화를 받아 한 사람은 예수의 부활론을 기록했고, 한 사람은 바울의 회심록을 기록했다.

1. 내 주변에 성경을 접하고 변한 사람들이 있다면 말해 봅시다.

2. 내가 하나님 말씀을 듣고 마음먹었던 것들이 있다면 말해봅시다.

오실 예수님과 오신 예수님, 성경은 예수님에 대해서 이야기 합니다. 그런데 구체적으로는 구약과 신약은 그리스도인의 삶과 관련되어 이야기 됩니다. 즉, 그리스도인의 삶 에 관한 것을 이야기 하고자 합니다.

모든 나라마다 역사가 존재합니다. 그리고 건국 신화 혹은 건국에 관련된 역사들이 존재합니다. 많은 나라들은 이 신화와 같은 역사들을 중요하게 생각 합니다. 역사는 한 나라의 정체성과 방향성을 부여 하고 국민들의 정체성과 삶의 목표를 잡아주기 때문입니다. 그래서 역사에 대한 문제에 있어서 각 국들은 민감하게 반응하고 때로는 역사를 왜곡하기도 합니다.

그리스도인들도 마찬가지입니다. 그리스도인들에게 정체성을 부여하는 것은 성경입니다. 성경의 많은 부분들이 문학적인 기술도 있지만, 역사 위에 하나님의 큰 일을 이야기 하고 있습니다. 또한 구약과 신약의 독자의 대상들은 시대적으로 차이가 있지만 언제나 그들에게 하나님의 역사를 통해 그리스도인의 정체성을 주고 싶어하는 것이 성경입니다. 그래서 일부 사람들의 평가와 달리 성경은 한 민족의 역사를 기록한 역사 및 문학책이 아닙니다. 성경은 이스라엘이라는 한 민족을 통해 온 열방을 변화 시키고, 회복할 창조주 하나님의 역사를 담고 있습니다. 그래서 인간은 세상의 다른 담화나 역사가 아닌 지금도 살아 역사하는 창조주 하나님의 말씀(성경)으로부터 삶의 정체성을 찾아야 합니다.

또 성경은 인간의 목적과 방향성을 제시하기 위한 책입니다. 하나님은 계시를 통해 인간의 목적과 방향을 제시하고자 합니다. 그래서 말씀은 그리스도인들에게 있어서 타 종교의 경전의 수준을 넘어서는 책입니다. 과거도 지금도 하나님은 말씀을 통해 일하십니다. 그것이 말씀으로 사람을 변화시키고 그리스도인으로 만드는 것입니다.

구약은 그리스도인을 향한 원리와 약속을 다루고 있습니다. 특히 원역사(창 1-11장)를 통해 인간들이 어떻게 창조되었고, 어떤 목적이 있었는지를 이야기 하고 있습니다. 그리고 그 이후의 역사와 그 역사 속에 녹아 있는 언약을 통해, 하나님은 인간의 구원 계획과 그 구원이 어떤 방식으로 성취 될 것인지를 이야기 하고 있습니다.

이 언약의 성취는 인간의 삶과 긴밀한 관계가 존재합니다. 인간은 창조 세계의 청지기로 하나님 말씀에 따른 삶을 살아가야 합니다. 그래서 죄로 물든 인간의 회복은 창조세계의 회복을 이야기 하고, 하나님의 큰 계획은 인간 회복을 통한 창조세계의 회복에 중심점을 두고 있습니다. 구약은 인간 세계의 회복의 언약과 이야기를 담고 있습니다.

성경 속 인물은 하나님의 구원 언약과 하나님의 백성이 무엇인지 이야기 하고 나아가 하나님 나라에 대한 소망을 담고 있습니다.

신약은 구약의 이야기를 받아 언약의 성취의 역사를 다루고 있습니다. 하나님은 죄의 문제를 예수그리스의 십자가를 통해 해결하십니다. 그래서 신약은 예수 그리스도를 통한 구원의 성취에 대해서 이야기 합니다. 그리스도의 십자가가 죄를 해결하고, 이는 하나님 나라의 회복으로 연결 됩니다.

신약은 그리스도인의 정체성의 부여와 삶의 방향성을 구체적으로 나타내고 있습니다. 그리스도인은 일반적인 사람과 다른 점을 가지고 있습니다. 바로 앞에 수식되어 있는 '그리스도'에게 있습니다. 그리스도인이란 그리스도로 새로워진 사람을 말합니다.

신약의 예수님은 구약의 약속의 완성으로 이 땅에 오셨습니다. 그리스도를 통해 우리 는 새로운 정체성을 부여 받습니다.

죄인이 의인이 되는 것, 죄에서 자유를 얻는 것은 그저 죄의 허물을 벗는 것이 아니라 의인으로의 새로운 정체성을 부여합니다. 이 말을 자세히 살펴본다면 죄로 물든 인간의 삶과 세계관이 그리스도를 만나 죄의 문제를 해결하고, 새로운 삶을 살 수 있는 근거들을 얻었다고 말할 수 있습니다. 그렇기 때문에 죄인이고 죄를 주인 삼았던 사람이 그리스도를 만나 그리스도가 주인되어 새로운 삶을 살아가게 되었습니다.

마치 '나'라는 인생의 자전거를 몰았던 사람이 그리스도가 주인 되고 이끌어 가기 때문에 새로운 방향과 새로운 목적, 즉 새로운 정체성을 부여 받고 살아가게 된다는 것입니다.

이 과정을 설명하는 것이 신약입니다.
복음서는 예수님의 복음을 이야기 합니다. 복음은 삶의 변화의 근거입니다. 예수그리스도의 십자가의 보혈과 부활은 죄인이 그리스도인이 되는 일을 기록합니다. 복음서를 읽는 독자들은 담화와 예수님의 가르침을 통해 복음의 말씀을 듣고 새로운 그리스도인의 삶과 정체성을 제시합니다.

신약의 역사서(사도행전)는 복음이 어떻게 이 땅 가운데 확장되어 졌는지, 복음의 역사와 그리스도인의 사명을 기록하고 있습니다. 그리스도인들은 복음이 이 땅에서 어떤 식으로 변화의 역사를 이룰 실지 알 수 있습니다.

바울과 요한, 야고보가 기록한 서신들은 그리스도인의 삶에서 일어나는 다양한 사건들을 기록하고, 그리스도인들이 어떻게 변화해야 하는지, 그리고 세상에서 어떤 삶을 살아가야 하는 지를 기록하고 있습니다. 특히 복음으로 변화받은 그리스도인들에게 주어진 삶, 행동양식의 원리들을 제시하고 있습니다. 서신서를 통해 우리는 구체적인 삶의 기준이 무엇인지 확인할 수 있습니다.

마지막으로 요한계시록은 그리스도인들에게 닥칠 미래를 기록하고 있습니다. 특히 고난과 어려움 속에서 우리가 신앙을 지킬 근본과 미래의 하나님의 나라의 완성에 대한 청사진을 제시하고 있습니다.

성경 말씀	이유

1. 성경을 읽고 나에게 인상 깊었던 말씀 적어봅시다.

2. 내가 일년동안 삶의 기준으로 삼는 말씀은 무엇인지 적어보고, 올 한해

삶의 목표를 적어봅시다.

말씀	삶의 목표

3. 사도행전을 읽고 삶의 계획을 세워 봅시다. .

내 인생의 좌우명	
내 삶의 최종 목표	
5년 후	
10년 후	
15년 후	
20년 후	
30년 후	
40년 후	
50년 후	
미래에 꼭 이루고 싶은 일	
자녀 계획은?	

한국교회 주일학교 교육의 가장 큰 안타까움 중 하나는 사역자가 바뀌면 교육의 내용이 바뀌게 되고, 그로 인해 학생들의 영장 성장이 불균형을 이룬다는 것이다. 나아가 설교와 공과가 일관성을 가지지 못하다 보니 균형 잡힌 교육이 어려울 뿐 아니라, 담당 사역자는 학생들 교육에서 비켜나 있는 아이러니가 발생한다. 우리 교재는 이런 주일학교 교육의 아쉬운 부분을 다음과 같이 보완하려고 노력했다.

먼저, 3년의 교육 주기로 기본적인 성경 및 교리에 대한 이해를 가능하도록 만들었다. 1년차는 말씀의 관점으로 창조-타락-구속-삶이 있는 신앙의 큰 틀을 통해, 무엇보다 절대 진리인 하나님의 말씀 위에 굳게 서야 함을 분명히 한다. 2년차는 구속사의 관점으로 창조-타락-구속-삶이 있는 신앙의 큰 틀을 통해, 유일한 구원자이신 예수님의 구속 사역이 신구약 전체를 흐르는 핵심임을 분명히 한다. 3년차는 하나님 나라의 관점으로 창조-타락-구속-삶이 있는 신앙의 큰 틀을 통해, 그리스도의 십자가를 통해 구속 받은 하나님의 자녀로서 삶의 현장에서 하나님의 영광을 드러내야 함을 분명히 한다.

다음으로, 각 부서별(유년, 초등, 중등, 고등) 눈높이에 맞게 교재를 집필하면서도 모든 부서가 동일한 주제로 공부 하도록 했다(동일한 주제 다른 본문 선택). 이는 각 가정으로 돌아갔을 때, 가족이 둘러앉아서 대화와 토론이 가능하도록 하기 위함이다. 부모가 자녀를 가르치는 실질적인 쉐마 교육이다. 이를 위해서 장년 주보에 해당 주일의 공과 주제와 각 부서별 핵심 내용을 실어줌으로써, 부모가 가정에서 교사의 역할을 하도록 도울 수 있다.

마지막으로, 사역자가 공과와 동일한 주제로 설교를 하도록 했다. 이로 인한 유익은 주일학교 사역자의 교체와 무관하게 교육의 일관성을 유지할 수 있다는 것이다. 또한 설교를 통해서 미리 공과 내용을 습득함으로써 역동성 있는 공과 진행이 가능하다. 설혹 교사가 미처 공과 준비를 하지 못했다고 해도, 공과를 대충하는 일은 없게 된다.

삶이 있는 **신앙** 시리즈

THE BIG CHOICE
중등부 2년차 3·4분기

신구약 성경 핵심 알기

초판 발행 2017년 7월 1일
발 행 인 이문희
책임편집 이재섭
발 행 처 도서출판 에브리데이
등록번호 제307-2015-55호
대표전화 02-959-6002, 팩스 02-959-6005
주   소 서울시 성북구 화랑로 192
디자인제작 보임
ISBN 979-11-87482-08-6

홈페이지 http://www.faithwithlife.com
위 홈페이지 교재자료실에서 교사 지침서, 참고 학습 자료를 비롯한
다양한 콘텐츠를 이용할 수 있습니다.